Miriam Holzapfel

DAS BESSER MACHER Buch

**75 Ideen, mit denen du
die Welt veränderst**

Mit Illustrationen
von Janina Lentföhr

COPPENRATH

5 4 3 2   23 22 21 20 19

ISBN 978-3-649-63383-9

© 2019 Coppenrath Verlag GmbH & Co. KG,
Hafenweg 30, 48155 Münster, Germany
CH: Baumgartner Bücher AG,
Centralweg 16, 8910 Affoltern a. A.
Alle Rechte vorbehalten, auch auszugsweise
Text: Miriam Holzapfel
Illustrationen: Janina Lentföhr
Redaktion: Kathy Heyer, Hanna Schmitz
Gestaltung: Groothuis. Gesellschaft der Ideen und
Passionen mbH, Hamburg, www.groothuis.de

Printed in Slovakia

www.coppenrath.de

Vorwort

Nicht immer ist die Welt so, wie wir sie uns wünschen. Es gibt
Menschen, die von den wichtigsten Dingen zu wenig haben.
Von anderen Dingen gibt es auf der Welt viel zu viel. Müll ist
zum Beispiel ein großes Problem oder Luftverschmutzung.
Und manchmal fehlt es im Alltag an etwas ganz Einfachem:
an Freundlichkeit und an guten Ideen. Das ist auf den ersten
Blick zwar schade – aber es lässt sich VIELES ändern!
Nicht alles auf einmal und in wenigen Sekunden. Aber Stück
für Stück und am besten an möglichst vielen Orten.

Du weißt ja: Aus einem kleinen Samenkorn kann ein
riesengroßer Baum werden. Und genauso kann eine kleine,
gute Idee das ganze Leben verändern. Ideen stecken an,
probier es aus! Dieses Buch zeigt dir, womit du anfangen
kannst, um die Welt schöner zu machen.

Willst du gerne einsame und traurige Menschen auf-
muntern? Oder möchtest du einfach gerne das, was du hast
und gar nicht so richtig brauchst, mit anderen teilen? Sind
Tiere und Natur dein Lieblingsthema?

Such dir etwas aus, das dich
interessiert. Wo du anfängst, ist
eigentlich egal, wichtig ist nur, dass
es am besten heute noch losgeht.
Du wirst sehen: Es ist wie Zauberei!
Schon kleine Veränderungen
können viel bewirken – und
machen glücklich.

Malte Arkona

Inhalt

SAVE THE PLANET

**Wie du Tieren, Pflanzen
und damit auch den Menschen
etwas Gutes tun kannst**

MITREDEN UND MITMACHEN

**Wie du bei großen
Organisationen und sogar in der
Politik mitmachen kannst**

EHE DU BEGINNST

Es gibt unterschiedliche Möglichkeiten, wie du dieses Buch benutzen kannst: Du kannst Projekte genau so umsetzen, wie sie vorgeschlagen werden, oder daraus eigene Ideen entwickeln und etwas anderes auf die Beine stellen, was gut zu dir passt. Alle Projekte sind ihrem Aufwand entsprechend mit einem, zwei oder drei Sternchen gekennzeichnet.

✳ Vielleicht willst du erst einmal klein anfangen. Dann such dir etwas aus, das sich schnell verwirklichen lässt, vielleicht schon innerhalb einer Stunde. Das sind die Einsteiger-Ideen.

✳ ✳ Etwas größere Aktionen, die Planung erfordern und vermutlich nicht innerhalb eines Tages abgeschlossen werden können (es sei denn, du hast an einem Tag sehr viel Zeit, weil entweder Wochenende ist oder du Ferien hast oder erkältet zu Hause bleiben musst), sind die Fortgeschrittenen-Ideen.

✳ ✳ ✳ Und schließlich gibt es die anspruchsvollen Projekt-Vorschläge, für die du dir andere Kinder und möglicherweise auch erwachsene Unterstützer suchen solltest. Denn die Umsetzung dieser Ideen erfordert einen etwas längeren Atem. Deshalb sind es die Könner-Ideen.

Für alle Aktionen gilt: Du sollst Spaß daran haben und das machen, was du sowieso gerne machst oder was du gut kannst. Oder etwas, das du immer schon einmal machen wolltest.

FÜNF GOLDENE, ABER SUPEREINFACHE REGELN FÜR BESSERMACHER

Die Welt wird auch ohne Geld besser

Viele der Bessermacher-Ideen sind absolut gratis, weil du mit dem arbeiten kannst, was du sowieso schon hast: deinen Kopf, etwas Papier, Stifte und Kleber. Für einige Könner-Ideen brauchst du allerdings tatsächlich Geld. Aber auch Kinder können schon ein bisschen Geld verdienen: Du kannst etwas verkaufen oder einen Service anbieten, dieses Buch macht dir Vorschläge dafür. Die Bessermacher-Kasse kann sich also auf verschiedene Weise füllen, wenn es denn sein soll.

Erzähl, was du vorhast, und hol dir Rat

Erklär den Menschen in deiner Umgebung, was du vorhast, und mach ein bisschen Werbung für deine gute Tat. Vielleicht bekommst du auf diese Weise schon wertvolle Unterstützung oder zumindest ein paar gute Tipps. Es könnte hilfreich sein, deine Idee auf einem Zettel zu präsentieren, in einem Copyshop ein paar Kopien zu machen, sie überallhin mitzunehmen und eventuell in die Briefkästen in deiner Nachbarschaft zu werfen. Dann kann jeder in Ruhe nachlesen, was du vorhast. Möchtest du deine Idee persönlich in der Nachbarschaft vorstellen, dann sei vorsichtig: Nicht jeder freut sich, wenn es an der Tür klingelt.

Wenn du nicht sicher bist, wie du deinen Plan umsetzen kannst, dann sprich mit Profis. Es gibt eine ganze Reihe von Vereinen, Initiativen und Organisationen, die gute Ideen haben, wie sich die Welt verbessern lässt. Du findest am Ende dieses Buches deshalb Adressen, an die du dich wenden kannst, wenn du einen Rat brauchst oder dich austauschen möchtest. Leute, die sich beruflich mit einer bestimmten Sache beschäftigen, haben oft hilfreiche Hinweise, wie du deine Projekte weiterentwickeln kannst.

Geh an die Öffentlichkeit

Die meisten Menschen wünschen sich eine bessere Welt und einen schöneren Alltag. Nicht alle aber wissen, wie sie das konkret anstellen können. Mach deine Bessermacher-Ideen deshalb bekannt! Wenn möglichst viele Leute erfahren, was du vorhast, bekommst du vielleicht so starke Unterstützung, dass du ein großes Projekt umsetzen kannst. Oder dass von einer kleinen Aktion ganz viele Leute profitieren.

Dafür kannst du Kontakt mit der Zeitung an deinem Wohnort aufnehmen. Fast überall gibt es Wochenblätter, die kostenlos verteilt werden und in denen berichtet wird, was in einer Stadt so alles passiert. Im Impressum der Zeitungen findest du immer die Adresse derjenigen, die sie machen. Du kannst dort anrufen oder eine Mail an die Redaktion schreiben, dich und deine Idee vorstellen und vorschlagen, dass sie darüber berichten. Oder du gehst zur Lokalzeitung, die in deiner Stadt verkauft wird. Auch hier interessiert sich vielleicht jemand für dein Engagement und schreibt einen Artikel darüber. Probier es aus.

 ## Schließ dich mit anderen zusammen

Einige Ideen sind so aufwendig, dass du sie lieber gemeinsam mit anderen angehen solltest. Frag doch einfach in deiner Schule nach, ob es dort Lehrerinnen und Lehrer gibt, die bei einem Projekt mitmachen. Es kann durchaus von Vorteil sein, wenn deine ganze Klasse einen Flohmarkt organisiert oder die ganze Schule einen Weihnachtsbasar, mit dem ihr gemeinsam Geld für eine gute Sache eintreibt. Und auch als Sportverein, als Chorgemeinschaft oder als Konfirmandengruppe kann man gemeinsam eine Bessermacher-Idee umsetzen und dabei ziemlich viel Spaß haben.

5 Lass dich nicht entmutigen

Es kann passieren, dass niemand bei dir mitmacht und sich keiner für deine Bessermacher-Pläne interessiert. Dann sei nicht traurig! Es kann viele Gründe haben: Einige verstehen deine Ideen vielleicht nicht. Anderen sind sie womöglich sogar lästig. Es kann nämlich sehr schwierig sein, alte Gewohnheiten aufzugeben und sich auf etwas Neues einzulassen (frag mal einen Erwachsenen!). Und für manche Ideen ist die Welt eben noch nicht bereit. Du kannst es zunächst mit einer anderen Idee versuchen und dich später noch mal damit beschäftigen.

Wenn du aber von deiner Idee wirklich überzeugt bist, dann bleib dabei und lass dich nicht beirren. Fang allein an. Etwas zu machen, ist immer besser, als nichts zu tun. Und wenn andere sehen, dass jemand etwas angefangen hat, kommen sie eher dazu.

Du wirst sehen: Es macht Spaß, die Welt zu verbessern, und es fühlt sich gut an, etwas zu verändern. Also sei geduldig – mit dir, mit anderen und mit deiner Idee.

Manche Menschen besitzen viel, manche wenig – aus unterschiedlichen Gründen. Vermutlich wird es in deiner Klasse oder in deiner Nachbarschaft jemanden geben, der von irgendetwas nicht genug hat, während du vielleicht Dinge hast, auf die du verzichten kannst. Ihr müsst euch nur noch finden.

Um festzustellen, ob du von einer Sache zu wenig, gerade genug oder sogar zu viel hast, solltest du dir als Erstes einmal ansehen, was du alles hast. Denn oft vergisst man, was sich im Lauf der Zeit so alles angehäuft hat.

ÜBERFLUSS UND MANGEL

Wie du für ein bisschen Ausgleich sorgen kannst

VERSCHENK ETWAS

Schenken ist schön, das haben Wissenschaftlerinnen und Wissenschaftler herausgefunden:
Jemandem ein Geschenk zu machen, kann genauso ein gutes Gefühl geben, wie von jemandem
etwas geschenkt zu bekommen. Denn es macht
glücklich, wenn andere sich über dein Geschenk
freuen.

      Du tust mit einem Geschenk also nicht
nur anderen Menschen etwas Gutes, sondern
auch dir selbst. Praktisch, oder?

STELL EINE GESCHENKEKISTE ZUSAMMEN

✳ Wenn du von deinen Spielsachen etwas nicht mehr brauchst, dann prüf, ob es reif für den Müll ist oder ob man es eigentlich noch gebrauchen kann – und du vielleicht einfach nur keine Lust mehr hast auf dieses eine Kartenspiel oder dieses Buch, das du nicht lesen magst, oder die CD, die du schon auswendig kennst. Die Dinge, die noch okay sind, sammelst du in einer Kiste und bringst ein großes Schild daran an: Zu verschenken!

Diese Kiste stellst du für einen Tag an den Gehweg vor deinem Haus. Es kann sein, dass Leute vorbeikommen, die sich über etwas freuen, das du nicht mehr brauchst. Bleibt etwas in der Kiste übrig, dann versuch es an einem anderen Tag noch einmal. Oder behalte diese Gegenstände für einen Flohmarkt.

 Schau dazu auf Seite 27 nach.

19

FÜLL EIN SPARSCHWEIN

✱ Kleine Geldmünzen sind nicht besonders beliebt – man kann sich für 2 Cent oder 5 Cent schließlich kaum etwas kaufen. Aber Kleinvieh macht auch Mist! Mit anderen Worten: Wenn du sämtliche Münzen sammelst, die hier und da rumliegen, dann kommt irgendwann ein Betrag zusammen, mit dem du etwas anfangen kannst.

Du könntest überlegen, wer sich über deine Cent-Ersparnisse freuen würde. Ein Jahr lang bewahrst du alle kleinen Münzen für diese Person auf und verschenkst sie dann – vielleicht als Überraschung zu Weihnachten.

Frag deine Eltern, ob sie ein Sparschwein für dich haben, oder sammel die Münzen in einem Glas mit Schraubverschluss. Das kannst du schön bekleben oder mit wasserfesten Filzstiften bemalen. Dann kannst du anfangen zu sparen und alle kleinen Münzen, die durch deine Hände gehen, abzweigen. Erzähl auch anderen von deiner Idee und bitte sie um Unterstützung. So wird aus wenig schnell mehr.

LERN, LEBENSMITTEL ZU VERWERTEN

✳ ✳ Viele Lebensmittel landen nicht auf dem Teller, sondern im Müll. Das ist sehr schade und eine Belastung für die Umwelt, denn für die Produktion von Lebensmitteln wird Energie eingesetzt – und manchmal auch ziemlich viel Mühe. Achte deshalb darauf, dass das, was in deiner Familie eingekauft wird, auch tatsächlich verwertet wird.

Vorräte müssen gut verpackt und richtig gelagert werden, am besten in Vorratsgläsern und nicht in offenen Tüten und manche Lebensmittel im Kühlschrank oder Keller. So können keine Schädlinge hineinflattern und sie bleiben länger haltbar.

Wenn du kochen kannst und weißt, wie du aus Resten im Kühlschrank eine leckere Mahlzeit zaubern kannst, hast du es leichter, alle Lebensmittel zu verbrauchen. Also lass dir das Kochen von jemandem aus der Familie erklären. Es gibt ein paar Grundregeln, die nicht besonders kompliziert sind und dir helfen, deine eigenen Rezepte zu entwickeln.

➡ Du findest hinten im Buch eine Internetadresse mit Tipps für die Verwertung von Lebensmitteln.

BEREITE ARMEN MENSCHEN EINE FREUDE

✳ Viele Bettlerinnen und Bettler leiden unter Kälte, Nässe und Hunger. Genauso schlimm ist es für diese Menschen aber, wenn andere Leute sie nicht beachten oder sogar gemein zu ihnen sind.

Begegnest du jemandem, der bettelt, dann verschenk einen freundlichen Gruß. Sag Hallo und wünsch dem Menschen einen schönen Tag. Wenn du zusätzlich noch etwas Kleingeld übrig hast: umso besser.

VERTEIL GESCHENKE AN ANDERE KINDER

 Schöne Spielsachen, die du nicht mehr so dringend brauchst, kannst du auch direkt an Kinder weitergeben, die vielleicht nicht so viel besitzen wie du: Hast du ein Puzzle, das du oft genug zusammengelegt hast? Spielfiguren, die du früher sehr mochtest, aber mittlerweile kaum noch benutzt? Ausgelesene Bücher? Puppen, für die du zu alt bist? Dann mach doch einem anderen Kind eine Freude damit!

Hierfür musst du ein bisschen telefonieren (wenn es dir lieber ist, bitte einen Erwachsenen um Unterstützung). Falls es in deiner Stadt ein Kinderheim gibt: Ruf dort an und frag, ob sich dort jemand über deine aussortierten Schätze freuen würde. Vielleicht ist in deiner Nähe auch ein Heim für Flüchtlinge, in dem Kinder leben, die nicht viel haben.

Wenn du einen Abnehmer für deine Spielsachen gefunden hast: Alles noch einmal checken, ob es auch heil und sauber ist, vielleicht in einen schönen Karton einpacken – und bitte sehr.

VERSCHENK LESESTOFF

✳ ✳ Dieselben Comics wieder und wieder zu lesen, kann sehr großen Spaß machen. Aber irgendwann reicht es auch und dann kann man die Bücher verschenken. Und das am besten an einem Ort, wo es Kindern langweilig ist und sie sich besonders über Lesestoff freuen. Das könnte das Wartezimmer deiner Kinderarztpraxis sein. Wenn du das nächste Mal dort bist, frag den Arzt oder die Ärztin doch, ob er oder sie Interesse an ein bisschen guter Unterhaltung für die kleinen Patienten hat, und bring deine Comics vorbei. Oder Bilderbücher, für die du zu alt bist.

VERKAUF ETWAS — FÜR DEN GUTEN ZWECK

Wenn du das Gefühl hast, schon genug verschenkt zu haben, kannst du natürlich auch Dinge verkaufen – und trotzdem damit die Welt verbessern. Du kannst den Erlös nämlich spenden, oder zumindest einen Teil davon.

So haben gleich mehrere Menschen etwas davon: zum einen die, die deine Spende erhalten, eine soziale Einrichtung zum Beispiel. Zum anderen die Menschen, die beim Flohmarkt günstig einkaufen. Und nicht zuletzt: du selbst! Denn du hast zu Hause wieder mehr Platz! Und ganz nebenbei profitiert auch die Umwelt, denn gebrauchte Dinge weiterzuverwenden, ist für die Natur schonender, als etwas Neues herzustellen.

VERKAUF UND SPENDE

✳ ✳ Nicht nur gebrauchte Sachen lassen sich verkaufen, sondern natürlich auch Selbstgemachtes. Überleg, ob du etwas herstellen kannst, worüber andere sich freuen. Und wo und wann du diese Dinge verkaufen könntest. Bei einem Weihnachtsbasar kannst du selbst gebackene Plätzchen anbieten. Oder auch selbst gekochte Marmelade, bemalte Einkaufsbeutel oder Freundschaftsbändchen. Das Internet ist voll von Videos, die erklären, wie man tolle Dinge selbst herstellen kann.

Du hast bestimmt noch mehr Spaß und kannst noch mehr Spendengelder verdienen, wenn du nicht allein bastelst, sondern dich mit Freundinnen und Freunden zusammentust. Dann entscheidet ihr natürlich auch gemeinsam, wer den Erlös bekommt.

➡ Du findest hinten im Buch Adressen von Organisationen, die du mit einer Spende unterstützen kannst.

VERANSTALTE EINEN BASAR FÜR JEMANDEN, DER ES BRAUCHT

★★★ Schlag in deiner Klasse oder in deinem Sportverein einen Flohmarkt vor und entscheidet gemeinsam, wer davon profitieren soll. Überlegt zusammen mit eurer Lehrerin oder eurem Lehrer, wann und wo der Flohmarkt stattfinden könnte. Wenn ihr den Flohmarkt in der Schule organisiert, dann müsst ihr das mit der Schulleiterin oder dem Schulleiter und mit der Hausmeisterin oder dem Hausmeister absprechen. Vielleicht könnt ihr dafür aber die vorhandenen Tische nutzen.

Für einen erfolgreichen Flohmarkt ist es ganz wichtig, dass viele Leute davon erfahren, die dann vorbeikommen und einkaufen. Also hängt Zettel auf, mit denen ihr für den Flohmarkt Werbung macht. Und dann überlegt euch, ob ihr alle Einnahmen spenden wollt oder nur einen Teil. Nach dem Flohmarkt habt ihr dann einen Betrag zusammen, über den sich ganz bestimmt jemand freut.

SEID DABEI!

ORGANISIER EINE FAHRRADBÖRSE

 Die meisten Menschen haben ein Fahrrad – aber nicht alle Fahrräder, die in Kellern und Garagen stehen, werden noch gefahren. Eine Fahrradbörse ist also eine gute Möglichkeit, um Dinge zu verkaufen, die nicht mehr gebraucht werden, und einen Teil der Erlöse zu spenden.

Trag diese Idee in deiner Klasse vor. Vielleicht könnt ihr den Schulhof als Verkaufsfläche nutzen. Überlegt, wo ihr mit Plakaten und Handzetteln Werbung machen könntet. Und dann kommen hoffentlich genug Fahrradfreunde zusammen, die entweder ein altes Fahrrad verkaufen wollen oder ein gebrauchtes erstehen.

ROLL ON!

SAMMEL UND VERTEIL

Wenn du weder verschenken noch verkaufen willst, dann könnte Verteilen eine Sache sein, die dir Spaß macht. Denn auch andere Menschen haben vermutlich von irgendetwas zu viel. Diese Dinge kann man sammeln und an andere verteilen. Dazu gibt es bereits einige gute Ideen und Organisationen, die sich kümmern. Aber nicht alle Menschen kennen diese Möglichkeit.

SAMMEL BRILLEN

* * Eine Brille zu brauchen und sich keine leisten zu können, ist ganz schön schlecht: Für ein Schulkind in einem ärmeren Land kann es bedeuten, dass es nicht richtig lesen und schreiben lernen kann. Erwachsene mit schwachen Augen können ohne Brille große Schwierigkeiten bei der Arbeit haben. Andererseits schlummern in vielen Schubladen Brillen, die nicht mehr getragen werden. Hier kannst du aktiv werden!

Frag möglichst viele Menschen, die du kennst, nach einer Brille, die sie nicht mehr brauchen. Die gesammelten Brillen kannst du bei einer Organisation abgeben, die diese Brillen an Menschen mit wenig Geld weitergibt – in Deutschland oder in ärmeren Ländern. Auch sehr viele Optiker bemühen sich darum, für abgelegte Brillen neue Besitzer zu finden. Du kannst dich also im nächsten Brillenladen erkundigen, ob du deine Sammlung dort vorbeibringen kannst.

➡️ Die Adresse einer Sammelstelle für Brillen findest du hinten im Buch.

SAMMEL WINTERKLEIDUNG GEGEN DIE KÄLTE

✳ ✳ Im Winter ist dir hoffentlich warm, du trägst eine dicke Jacke und hast eine kuschelige Decke, in die du dich wickeln kannst. Für Menschen, die kein Zuhause haben, ist der Winter dagegen sehr hart. Es ist kaum möglich, sich so dick anzuziehen, dass man nicht friert, wenn man den ganzen Tag (und in den schlimmsten Fällen sogar die ganze Nacht) draußen sein muss. Aber du kannst mithelfen, dass die Situation für Obdachlose im Winter ein kleines bisschen besser wird!

Frag die Erwachsenen, die du kennst, nach Isomatten und Schlafsäcken, die nicht mehr gebraucht werden. Und außerdem nach Wintermänteln und Winterschuhen, die sie nicht mehr tragen. Viele Menschen haben mehr warme Sachen, als sie anziehen können.

Bring deine Sammlung in ein Obdachlosenheim in deiner Nähe. Wo das ist, kannst du im Internet herausfinden, wenn du „Obdachlosenheim" oder „Notschlafstelle" eingibst. Du kannst auch nach „Heilsarmee" suchen. Auf deren Webseite findest du die Standorte von Kleiderkammern, die Kleiderspenden annehmen. Wenn du möchtest, dann kannst du in deine Spende kleine, freundliche Zettel stecken. Die wärmen nämlich auch.

Alles Gute für Sie! IHRE POLLY

TAUSCHE

Tauschen lässt sich alles Mögliche. Tausch muss aber nicht heißen, dass nur die Person etwas von dir bekommt, die dir etwas gegeben hat.

Es kann auch reihum gehen. Du gibst etwas, diese Person freut sich und gibt jemand anderem wieder etwas weiter. Derjenige hat dann vielleicht auch etwas übrig und irgendwann landet wieder ein Teil bei dir. Und alle sind zufrieden.

MACH EINE KLEIDERTAUSCH-PARTY

✳ ✳ Die Klamotten, die dir nicht mehr passen, stehen jemand anderem bestimmt ganz hervorragend! Deshalb kann es großen Spaß machen, eine Kleidertausch-Party zu organisieren.

Lad möglichst viele Leute ein und bitte alle, mindestens fünf Kleidungsstücke mitzubringen, die sie gerne tauschen möchten – auch Schuhe, Gürtel, Hüte und Taschen sind erlaubt, außerdem natürlich Sportkleidung. Hast du das Balletttanzen aufgegeben und Spitzentanzschuhe übrig? Macht dir Fußball keinen Spaß mehr und deine Schienbeinschoner liegen unbenutzt rum? Bist du aus deinem Karate-Anzug rausgewachsen? Alles kann getauscht werden!

Die Kleidungsstücke könnt ihr wie in einem Laden auf eine Stange hängen oder auf einem Tisch auslegen und alle dürfen schauen und anprobieren. Dabei könnt ihr Musik hören, Limonade trinken und eine Modenschau organisieren, wenn ihr mögt. Und am Ende darf jeder mit nach Hause nehmen, was ihm oder ihr gefällt – oder die eigenen Teile, die keinen neuen Besitzer gefunden haben. Das ist nicht schlimm, es gibt sicher noch einen dankbaren Abnehmer dafür.

ORGANISIER EINEN TAUSCHTAG

 Genauso wie Klamotten kannst du auch Spielsachen oder Bücher tauschen. Schlag in deiner Schule einen Tauschtag vor. Es funktioniert wie ein Flohmarkt ohne Geld: Jeder kann mitbringen, was sie oder er nicht mehr liest oder zum Spielen nutzt, und dafür etwas anderes mitnehmen, was ihr oder ihm gefällt. Am besten funktioniert das, wenn mehrere Klassen sich beteiligen, also am besten die ganze Unterstufe einer Schule oder alle dritten und vierten Klassen zusammen.

Alle, die mitmachen, geben ihre Spielsachen und Bücher ab, sodass sie vor dem großen Getausche auf Tischen ausgelegt und vielleicht ein bisschen vorsortiert werden können: Puzzles zu Puzzles, Krimis zu Krimis und so weiter. Alle können die Spielsachen und Bücher in Ruhe ansehen und jeder darf genauso viel mitnehmen, wie er abgegeben hat.

Wenn ihr Lust habt, dann macht noch eine kleine Buch-
empfehlungs-Runde in der Klasse. Jeder, der möchte, kann
sein ausgelesenes Buch kurz vorstellen und der übrigen Klasse
empfehlen, ehe es auf die Tauschtische kommt. Wenn ihr
das regelmäßig zwei Mal im Jahr macht, dann kann es sein,
dass manche Bücher richtig auf Tournee durch die Klasse
gehen, wie Stars, die irgendwann alle kennen.

ERST MEINS

JETZT DEINS

BIETE DEINE DIENSTE AN

Wenn du das Gefühl hast, dass du alles gerne behalten möchtest, was du hast, dann spendier doch deine Arbeitskraft. Das kann ziemlich viel Spaß machen und gleichzeitig für andere Menschen eine große Hilfe sein. Vielleicht bezahlen diese Menschen für deinen Service sogar Geld und du kannst den eingenommenen Betrag für einen guten Zweck deiner Wahl spenden.

WERD PFAND-EXPRESS

 Leere Pfandgläser wieder loszuwerden, ist für manche Menschen ziemlich umständlich. Hier kannst du behilflich sein und gleich doppelt für ein gutes Werk sorgen. Biete dich in deiner Familie und in der Nachbarschaft als Pfand-Express an! Du kannst das Leergut abholen und zurück in den Laden bringen und als Gegenleistung das Pfandgeld an Bedürftige weiterleiten. Das kann ein Mensch sein, der irgendwo in deiner Nähe bettelt oder ein Obdachlosenmagazin zum Verkauf anbietet. Oder auch eine Hilfsorganisation, die du gut findest. Bei der Überweisung kannst du dir von deinen Eltern helfen lassen.

Wenn du deinen Leergut-Service ausweiten möchtest, dann beschreib auf einem Zettel, was du vorhast und wofür du Geld brauchst. Diese Zettel kannst du bei deinen Nachbarn in die Briefkästen werfen und bei Gelegenheit nachfragen, wer von deinem Service profitieren und zugleich etwas Gutes tun will. Du kannst einen festen Tag anbieten, an dem dein Pfand-Express vorbeikommt, dann ist es für jeden leicht zu merken – auch für dich.

RICHTE EINEN GASSI-DIENST EIN

✳ ✳ Wer einen Hund hat, muss jeden Tag mehrmals mit ihm an die Luft. Das ist gesund und macht Spaß. Das Gassigehen kann aber ein Problem werden, wenn man krank ist und eigentlich im Bett bleiben müsste. Oder wenn ausnahmsweise einfach keine Zeit bleibt. Der Hund muss trotzdem raus. Hier kannst du helfen und einen Notfall-Gassi-Dienst anbieten.

Gib den Hundebesitzern, die du kennst, Bescheid, dass sie dich bei Bedarf anrufen können und du das Gassigehen dann gerne übernimmst. Pack genug Gassi-Beutel ein und lass dir von den Besitzern genau erklären, worauf du achten musst. Und beobachte den Hund beim Spaziergehen gut. Denn jedes Tier tickt anders, genau wie wir Menschen auch.

Besonders zuverlässig funktioniert es, wenn du dich mit Freunden zu einer Gassi-Gang zusammenschließt. Wenn du mal keine Zeit hast, springt einfach jemand aus der Gang ein.

Falls du gerne einen eigenen Hund hättest, deine Eltern bisher aber noch nicht überzeugen konntest, bietet sich hier außerdem eine hervorragende Gelegenheit, deine Tierliebe unter Beweis zu stellen und zu zeigen, dass du Verantwortung übernehmen kannst.

Dass es uns gut geht und wir gesund und munter sind, halten viele für den Normalzustand.

Du fühlst dich okay?
Du stehst morgens auf und freust dich auf den Tag? Wundervoll. Davon kannst du anderen etwas abgeben.

LEID
UND
FREUD

**Wie du zu mehr
Freundlichkeit, Mitgefühl
und guter Stimmung
in deiner Umgebung
beiträgst**

SEI EIN FREUNDLICHER MENSCH

Nichts gegen schlechte Laune – ab und zu mies drauf oder wütend zu sein, ist völlig okay.

Viel angenehmer für dich und andere ist es aber, wenn du freundlich bist. Und Freundlichkeit kannst du üben. Es sind nämlich oft die kleinen Dinge, die hier zählen. Viele Ideen lassen sich direkt in die Tat umsetzen und sorgen sofort für Verbesserung.

Lieber Papa,
jeden Tag machst Du
mein Pausenbrot.
Das finde ich toll!

Danke!

SAG MAL DANKE

Vermutlich gibt es Menschen, ohne die dein Leben sehr viel weniger schön und angenehm wäre. Wer auch immer dir morgens Frühstück macht oder abends Abendbrot, deine Wäsche wäscht und dein Bett frisch bezieht: Er oder sie hat Anerkennung verdient! Schreib dieser Person einen kleinen Dankesbrief und steck ihn an eine Stelle, an der er auch gefunden wird: in eine Jackentasche dieses Menschen oder in einen Schuh. Oder kleb den Zettel mit einem Stück Tesafilm an den Spiegel im Bad, bevor du abends ins Bett gehst.

BASTEL JEMANDEM EIN MUT-BANNER

Die meisten Menschen haben irgendeine Sorge oder fürchten sich vor etwas. Deshalb können fast alle Mut gebrauchen. In deiner Familie oder in deinem Freundeskreis fällt dir bestimmt jemand ein, der gerade besonders viel Mut nötig hat – weil vielleicht eine schwierige Aufgabe ansteht oder weil etwas nicht ganz so läuft wie geplant. Da kann ein wenig Zuspruch viel bewirken.

Für diesen Menschen bastelst du deshalb ein Mut-Banner, das er oder sie sich aufhängen kann. Schneid bunte Wimpel aus – eckige, runde oder dreieckige, ganz wie du möchtest. Fädel sie auf eine Schnur und beschrifte sie mit einem Satz, der wirklich Mut macht.

44

VERTEIL LOB

✱ Hast du dich auch schon mal über ein Lob gefreut, für etwas, das du gut gemacht hast? Wenn dir also die Brötchen vom Bäcker gut schmecken oder wenn der Kassierer im Supermarkt oder die Helferin beim Zahnarzt besonders nett waren, dann gib eine freundliche Rückmeldung. Jeder freut sich über Anerkennung und die Arbeit fällt gleich viel leichter.

45

VERTEIL ANONYME NETTIGKEITS-NOTIZEN

✳ Möglicherweise gibt es jemanden, dem du gerne etwas Nettes sagen möchtest, weil er dir leidtut, aber du traust dich nicht so recht. Dabei ist es wichtig, kleine Nettigkeiten zu verteilen, weil sie sehr tröstlich sein können. Wenn also jemand in deiner Klasse ausgelacht wurde, wegen einer schlechten Note traurig ist, über die Trennung der Eltern hinwegkommen muss oder über den Tod eines Haustiers: Schreib ein kleines Kärtchen und schieb es dieser Person unauffällig zu.

HUHU

HAHA

HIHI

FREUND
LICHKEIT
FÜR ALLE
auch für
dich!

SCHREIB GUTE-LAUNE-ZETTEL FÜR ALLE

 Alles fällt leichter mit guter Laune! Und es
ist so einfach, gute Laune zu verbreiten:
Schreib etwas Nettes auf kleine Zettel und verteil sie in der
Stadt, wo sie von anderen Menschen gelesen werden können.

Viele Supermärkte haben eine Pinnwand, wo man
Zettel aufhängen darf, dort könntest du deine Botschaft plat-
zieren. Oder du heftest sie vorsichtig parkenden Autos an
die Windschutzscheibe. In manchen Städten ist es auch üblich,
Zettel an Laternen- oder Ampelmasten aufzuhängen. Und
wenn dein Zimmer ein Fenster zur Straße hat, dann kannst du
sogar ein Plakat malen und es für eine Weile so aufhängen,
dass die Leute es im Vorbeigehen lesen und sich freuen können.

VERSÖHN DICH

✱ Hast du dich mit jemanden so gestritten, dass ihr seitdem kein Wort mehr gewechselt habt? Dann bietet sich hier eine hervorragende Gelegenheit, um die Welt zu verbessern! Überwinde dich und geh auf den anderen zu, entweder in einem Gespräch oder mit einem Versöhnungsbrief. Es kann sein, dass der oder die andere noch nicht bereit für eine Versöhnung ist. Aber du hast es versucht und gezeigt, dass du den Streit beenden möchtest.

BEDANK DICH FÜR GASTFREUNDSCHAFT

Für die meisten Eltern ist es selbstverständlich, wenn gelegentlich Freunde der Kinder zu Besuch kommen und mittags oder abends mitessen. Und viele Eltern sind auch damit einverstanden, dass ab und zu Gäste zum Übernachten bleiben. Trotzdem ist es eine nette Geste, wenn du dich bei deinen Eltern dafür bedankst. Denn deine Freunde werden nicht nur satt und schlafen hoffentlich gut, sondern es stärkt auch eure Freundschaft. Und bist du mal zu Gast bei anderen: Bedank dich dort.

PFLEG DEINE FREUNDSCHAFTEN

Man muss sich nicht unbedingt täglich sehen, um sich mit einem anderen Menschen verbunden zu fühlen. Es ist aber schön, ab und an ein kleines Zeichen der Verbundenheit zu senden, einfach so, auch wenn es gar nichts Besonderes zu erzählen gibt. Dann weiß diese Person, dass du sie nicht vergessen hast.

Schreib doch mal wieder eine Karte oder einen Brief. Fast alle Menschen bekommen gerne persönliche Post. Wähl eine hübsche Briefmarke aus und schreib in deiner allerschönsten oder allercoolsten Schrift einen kurzen Text.

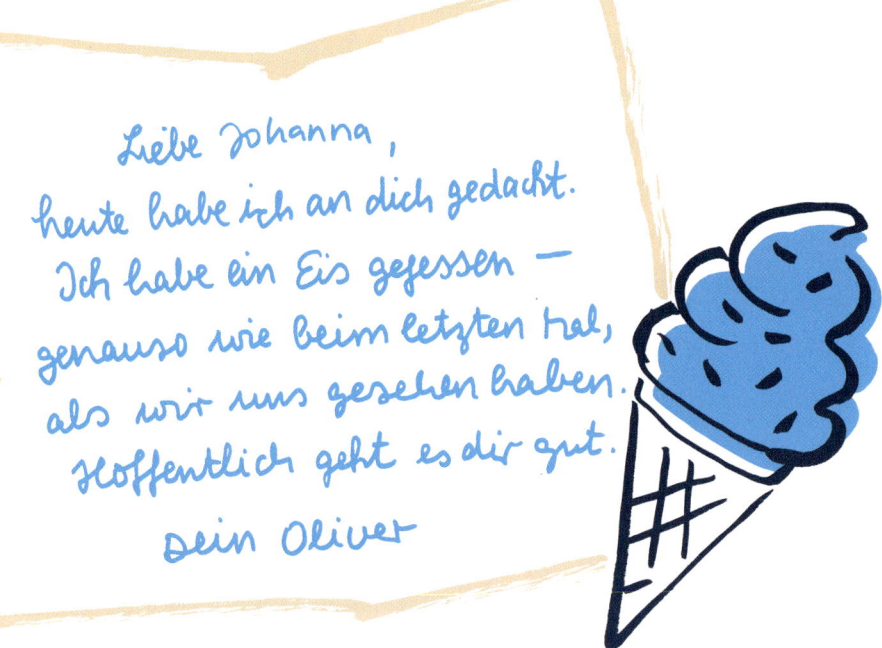

Liebe Johanna,
heute habe ich an dich gedacht.
Ich habe ein Eis gegessen —
genauso wie beim letzten Mal,
als wir uns gesehen haben.
Hoffentlich geht es dir gut.
Dein Oliver

SPRICH ÜBER DICH

✱ Belastet dich etwas oder bist du traurig, dann sprich mit jemandem darüber, dem du vertrauen kannst. Es ist okay, nicht immer fröhlich zu sein, und es ist genauso okay, um Hilfe zu bitten. Und wenn dir etwas unangenehm ist, dann ist es völlig in Ordnung, Nein zu sagen.

In den meisten Schulen gibt es Lehrer, mit denen du über deine Sorgen sprechen kannst. Außerdem findest du Hilfe am Telefon oder per Mail, falls dich etwas sehr bedrückt.

➡ Du findest die Nummer des Kinder- und Jugendtelefons sowie die Webadresse dazu am Ende des Buches.

BASTEL EIN ÜBERRASCHUNGS-LESEZEICHEN

✳ Leihst du dir ab und zu ein Buch in der Bücherei aus? Dann gib doch mal mehr zurück, als du bekommen hast, und mach der nächsten Leserin oder dem nächsten Leser eine Freude. Bastel ein Lesezeichen und hinterlass darauf eine freundliche Botschaft als Überraschung.

Du kannst aus dünnem Karton ein schmales Rechteck ausschneiden und es bemalen und beschriften, wie es dir gefällt. Grüß die nächste Leserin oder den nächsten Leser freundlich und wünsch zum Beispiel viel Freude mit dem Buch. Wenn du magst, kannst du auch dazuschreiben, wie dir das Buch gefallen hat und welche Seite du besonders gut fandest. Leg das Lesezeichen dann irgendwo ins Buch, ehe du es wieder in der Bücherei abgibst. Vielleicht bastelt die Finderin oder der Finder vor lauter Freude dann wieder ein neues Lesezeichen für den nächsten Benutzer.

ÜBERRASCHUNG

FREUNDE DICH AN

Menschen sind verschieden. Manche glauben an Jesus Christus, andere an Allah, wieder andere an gar nichts. Die einen feiern Weihnachten, die anderen feiern Zuckerfest, fast alle haben bestimmte Vorstellungen und Traditionen, Bräuche und Rituale. Manche haben ihre Heimatstadt noch nie länger als für ein paar Wochen Urlaub verlassen. Andere mussten schon mehrmals umziehen oder sogar aus ihrer Heimat fliehen, etwa weil dort Krieg herrscht.

Manchmal gibt es Streit, wenn Menschen verschiedene Ansichten oder Gewohnheiten haben. Aber als Nachbarn und Mitschüler müssen alle irgendwie klarkommen. Und dazu kannst du beitragen. Das Gute: Wenn aus Fremden Freunde werden, ist das nicht nur richtig interessant, sondern auch wirklich schön.

Hallo und herzlich Willkommen!
Ich heiße Marie und ich hoffe, dass es Dir
hier gefallen wird. Ich mag unsere Schule,
Du wirst Dich hier bestimmt wohlfühlen.
Alles Gute für den neuen Anfang!
Deine Marie

HALLO
ERST MAL

GEH AUF FREMDE KINDER ZU

✳ Wenn ein neues Kind in deine Klasse kommt, dann
kannst du es ihm ein bisschen leichter machen,
vor allem, wenn das Kind aus einem fremden Land kommt.
Denn dann spricht es vielleicht noch nicht so gut Deutsch
und ist auf ein bisschen Unterstützung angewiesen.

Stell dich vor und biete an, dass es dich alles fragen kann
und du ihm gerne dabei hilfst, sich in der neuen Situation
zurechtzufinden. Du kannst auch eine nette Karte mit einem
Willkommensgruß schreiben. Diese Karte legst du deinem
neuen Mitschüler oder deiner Mitschülerin als kleine Überraschung auf den Platz.

LAD NEU ANGEKOMMENE KINDER ZUM BESSERMACHEN EIN

✱ Du findest in diesem Buch viele Ideen, wie du die Welt
ein bisschen besser machen kannst. Diese Ideen kannst
du auch gemeinsam mit anderen Kindern umsetzen, gerade
mit Kindern, die neu in deiner Umgebung sind und noch nicht
so viele Freunde haben. Etwas basteln und auf einem Basar
für einen guten Zweck verkaufen, Singen im Altersheim, Müll
sammeln, Kleider tauschen – das alles geht auch, wenn
man noch nicht so gut Deutsch kann.

LERNT GEMEINSAM

✳✳ Nicht alle sind in der Schule gleich gut –
aus ganz verschiedenen Gründen. Manche Kinder
lernen langsamer als andere, manche sind vielleicht mit
etwas beschäftigt, das mit der Schule nichts zu tun hat, und
wieder andere sind noch nicht so lange in Deutschland
und haben Probleme mit der Sprache.

Selbst wenn du nicht überall ein Ass bist – wer ist das
schon? –, kannst du einem Kind, das in der Schule Schwierigkeiten hat, deine Hilfe anbieten: Zusammen Hausaufgaben
machen ist leichter als allein. Verabredet euch mindestens
einmal pro Woche, am besten an einem festen Tag zu
einer festen Uhrzeit, und lernt gemeinsam. Vergleicht eure
Rechenergebnisse, fragt euch gegenseitig Vokabeln ab
und klärt, was ihr im Unterricht nicht verstanden habt. Das
geht auch zu dritt oder zu viert und auf jeden Fall besser
als ganz allein.

VERSCHENK SCHULTÜTEN

 Dass zur Einschulung Schultüten verschenkt werden, weiß in Deutschland jedes Kind. Auch in Österreich gibt es diesen Brauch. In anderen Ländern ist er aber völlig unbekannt. Kinder aus einem fremden Land, die nach Deutschland oder Österreich ziehen und dort ihren ersten Schultag haben, stehen vielleicht als einzige ohne Schultüte da. Traurige Vorstellung, oder? Aber so muss es nicht sein.

Frag vor den Sommerferien in einem Flüchtlingsheim in deiner Nähe nach, ob es dort Kinder gibt, die nach den Ferien zur Schule gehen. Wenn du von mehreren Kindern hörst, dann such dir Unterstützung und bastelt gemeinsam. Füllt die Schultüten mit kleinen Geschenken, die ihr euch von eurem Taschengeld leisten könnt. Und vielleicht geben Eltern und Freunde noch etwas dazu, sodass ihr Buntstifte, Radiergummis, Flummis und kleine Glücksbringer kaufen könnt.

BRINGT EUCH GEGENSEITIG ETWAS BEI

✳ ✳ Du kannst etwas, das nicht alle können? Reiten? Skateboard fahren? Dann teil dein Können und dein Wissen. Biete an, dass du zeigst, was du kannst und wie es geht.

Mit einem kleineren Kind kannst du Lesen üben, mit einem gleichaltrigen Schlittschuhlaufen und mit jemand, der oder die älter ist als du, kannst du vielleicht Musik machen. Darüber freuen sich besonders Kinder, die nicht viele Freunde haben, weil sie noch nicht so viele kennen. Oder weil sie wegen einer Behinderung nicht so schnell lernen wie andere. Schau dich um, wo jemand etwas von dir lernen könnte, und sprich Erwachsene an, ob sie jemanden kennen, der sich über deine Trainingsstunden freuen würde.

Du wirst sehen: Es macht Spaß, anderen etwas beizubringen. Also finde auch heraus, was du von anderen lernen kannst: ein Lied in einer fremden Sprache, ein Spiel aus einem anderen Land oder einen Zaubertrick. Gerade für Kinder, die irgendwo neu sind und viele Sachen gleichzeitig lernen müssen (neue Sprache, neue Regeln, neue Bräuche), ist es schön, wenn sie anderen auch mal etwas beibringen können.

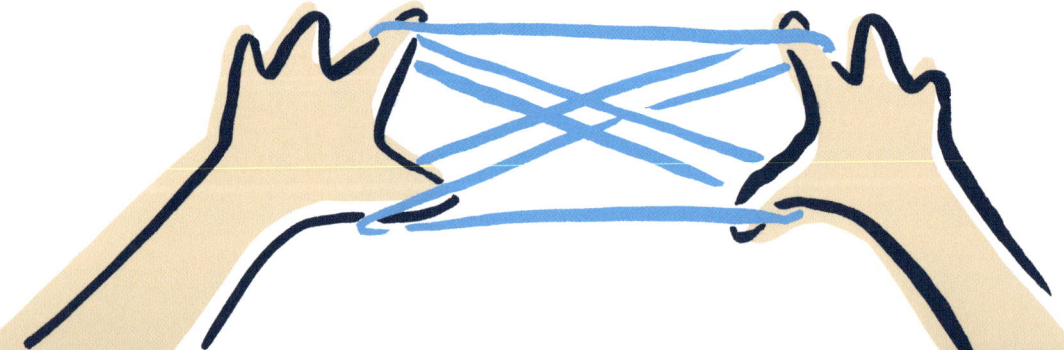

LAD MIT DEINER FAMILIE EINE ANDERE FAMILIE EIN

✳✳ Viele Menschen, die nach Europa flüchten, haben es sehr schwer, weil sie in ihrer Heimat so ziemlich alles zurücklassen mussten – Freunde, Kleidung, Spielsachen. Eine Heimat lässt sich nicht ersetzen, aber du kannst diesen Menschen die Ankunft an ihrem neuen Wohnort erleichtern, indem du ihnen hilfst, neue Leute kennenzulernen.

Eine gute Idee ist ein gemeinsames Essen. Bitte deine Eltern, gemeinsam mit dir eine geflüchtete Familie zum Essen einzuladen. Ihr könnt bei einer Flüchtlingsunterkunft anrufen und fragen, ob es dort eine Familie gibt, die sich über eine Essenseinladung freuen würde. Oder ihr sprecht jemanden in eurer Kirchengemeinde an, ob er oder sie bei der Vermittlung behilflich sein könnte. Es gibt außerdem Organisationen, die sich darum kümmern, dass Geflüchtete mit Einheimischen zusammenkommen.

 Adressen dazu findest du hinten im Buch.

VERTREIB
DIE LANGEWEILE

★ ★ ★ In einem Flüchtlingsheim zu sein, kann für Kinder und auch für Erwachsene sehr langweilig sein. Für tolle Ausflüge fehlt es an Geld, genauso wie für Spielzeug. Ein wenig Abwechslung im Alltag ist deshalb bestimmt willkommen. Hier kommt dein Einsatz! Such dir ein paar Freunde und fragt bei einem Flüchtlingsheim oder einem Kinderheim an, ob ihr vorbeikommen könnt, um mit den Kindern zu spielen.

Bringt ein paar Spielsachen mit – Spielfiguren, Bälle, Springseile, Hula-Hoop-Reifen –, was ihr so zu Hause habt und für einen Nachmittag ausleihen könnt. Und dann schaut, ob es den Kindern im Heim Spaß macht und ob ihr vielleicht wiederkommt und sogar eine feste Spielgruppe einrichtet. Du kannst auch versuchen, den Kontakt über deinen Sportverein oder über deine Schule herzustellen. Dann ist es offiziell ein Projekt des Vereins oder der Schule und das kann unter Umständen hilfreich sein, wenn es zum Beispiel um die Frage nach Versicherungsschutz geht.

SEI FREUNDLICH ZU DIR SELBST

Diese wichtige Maßnahme zur Weltverbesserung ist so naheliegend, dass sie oft vergessen wird: Behandel dich selbst wie einen guten Freund und akzeptier dich so, wie du bist. Nur wenn du dich gut fühlst und wohl in deiner Haut, kannst du auch nett zu anderen sein. Achte also darauf, dass du immer genug Schlaf bekommst und dich gesund ernährst, mit viel frischem Obst und Gemüse. Geh regelmäßig an die Luft und triff dich mit deinen Freunden.

SEI NETT ZU MENSCHEN, DIE ES DRINGEND BRAUCHEN

Du kannst zu absolut jedermann und jederfrau nett sein, je mehr Freundlichkeit in die Welt kommt, desto besser. Einigen Menschen tut es aber besonders gut, weil sie sich in einer schwierigen Lage befinden und krank sind, gebrechlich oder einsam. Sie freuen sich bestimmt sehr über eine Aufmunterung oder über deine tatkräftige Hilfe.

MACH EINEN ERSTE-HILFE-KURS

✳ ✳ Ernsthaften oder sogar lebensbedrohlichen Verletzungen oder Erkrankungen begegnest du hoffentlich nie in deinem Leben. Eventuell aber doch – und dann ist es unendlich wertvoll, wenn du weißt, wie du einem Menschen hilfst, der beispielsweise wegen eines Herzinfarktes, Atemnot oder einer blutenden Wunde in großer Not ist. Denn Leben retten kann man lernen. Viele Organisationen bieten Erste-Hilfe-Kurse auch für Kinder und Jugendliche an. Wenn du so einen Kurs nicht allein machen möchtest, dann sprich mit Freundinnen und Freunden, ob sie mitkommen wollen. So könnt ihr euer Wissen nach dem Kurs immer wieder gemeinsam auffrischen.

➡ Anbieter für solche Kurse findest du hinten im Buch.

BRING FRISCHEN WIND INS KRANKENHAUS

✳ ✳ Niemand ist gerne im Krankenhaus – aber für Kinder ist es oft besonders traurig und langweilig. Auch wenn du die Kinder, die dort liegen, gar nicht persönlich kennst, könntest du ihnen kleine Briefe zur Aufmunterung schreiben.

Mal ein schönes Bild und wünsch einem kranken Kind gute Besserung. Es wird sich sicher über deine Post freuen und vielleicht hängt es dein Bild sogar im Krankenzimmer auf. Du kannst deine Freundinnen und Freunde oder deine Schulklasse fragen, ob sie bei der Aktion mitmachen möchten, damit viele kranke Kinder eine kleine Aufmunterung bekommen.

Die Bilder steckst du in einen Umschlag, den du am besten persönlich in einem Krankenhaus am Empfang abgibst. Dort kannst du deine Idee erklären, und man wird dir sagen, wie diese Bilder verteilt werden können.

Gute Besserung!

SEI EIN SCHNEE-ENGEL

✳ ✳ Schnee ist toll, wenn er in dicken Flocken vom Himmel fällt und du zum Schlittenfahren gehen kannst. Nicht so toll ist Schnee für Menschen, die nicht gut gehen können, weil sie alt oder verletzt sind. Auf eisigen und rutschigen Straßen muss man sehr aufpassen. Einkaufen kann da ein richtiges Problem werden.

Wenn du von jemandem weißt, der nicht ganz so gut zu Fuß ist, biete dich als Schnee-Engel an: Du kannst kleine Besorgungen machen oder eventuell sogar beim Schnee-schippen behilflich sein. Vielleicht hast du große Geschwister, die mit dir zusammen Schnee räumen, wo es jemand sonst nicht schafft. Schlitten fahren könnt ihr danach ja immer noch.

BESUCH MENSCHEN IM ALTERSHEIM

✳ ✳ Viele alte Menschen leben in einem Altersheim. Manche haben es gut und lernen dort andere alte Leute kennen, bekommen Besuch und haben Hobbys, die Spaß machen. Andere haben weniger Glück und sind oft allein. Schach spielen, plaudern, musizieren, erzählen – dafür braucht man eine zweite Person. Und diese Person könntest du sein!

Der erste Schritt ist eine Überlegung: Traust du dir zu, etwa einmal pro Woche eine halbe Stunde Zeit an jemanden zu verschenken, den du zunächst gar nicht kennst? Falls du dazu Ja sagen kannst, ist der nächste Schritt ein Anruf: Frag in einem Altersheim in deiner Nähe nach, ob es jemanden gibt, der sich über Besuch freuen würde. Und dann lern diesen Menschen kennen und schenk ihr oder ihm ein bisschen Zeit. So machst du jemandem eine Riesenfreude. Und vielleicht werdet ihr sogar Freunde.

GIB EIN KONZERT

✱✱ Falls du gerne alten Menschen eine Freude machen möchtest, aber nicht jede Woche Zeit für einen Besuch hast, dann kannst du auch einmalig im Altersheim für ein bisschen Abwechslung sorgen: Biete einem Heim in deiner Nähe ein kleines Konzert an! Vielleicht bist du auf deinem Instrument schon richtig gut und du kannst allein mehrere Stücke vorspielen, dann brauchst du gar keine Mitstreiter.

Mehr Spaß macht es, wenn du dich mit ein paar anderen zusammentust, mit Freundinnen, Freunden oder Geschwistern. Jeder bringt sein Instrument mit und ihr spielt etwa eine halbe Stunde lang den alten Leuten etwas vor. Es muss nichts Schweres sein, jeder spielt das, was er oder sie gut kann. Findet ihr sogar ein Stück, das ihr zusammen einstudieren könnt? Wenn das zu kompliziert ist, dann lasst die Instrumente weg und singt etwas. Die alten Leute freuen sich bestimmt und singen vielleicht sogar mit.

In großen Städten ist die Luft oft ziemlich schlecht und fast überall auf der Welt findet sich Müll in der Natur.

Viele Tier- und Pflanzenarten sind vom Aussterben bedroht, und wir verbrauchen sehr viele Rohstoffe, die irgendwann einfach alle sein werden.

Das klingt ziemlich schlimm. Aber auch hier lässt sich vieles besser machen.

SAVE THE PLANET

Wie du Tieren, Pflanzen und damit auch den Menschen etwas Gutes tun kannst

ÜBERPRÜF DEINEN LIFESTYLE

Überall auf der Welt beschäftigen sich Menschen damit, was passieren muss, damit es die Erde und die Lebewesen darauf noch lange gibt. Wissenschaftlerinnen und Wissenschaftler erforschen, was zu tun ist, um den Klimawandel aufzuhalten, wie man umweltfreundlicher leben kann und weniger Abgase produziert.

Und jeden Tag werden Erfindungen gemacht, die mithelfen sollen, die Erde zu schützen. Aber es kommt nicht nur auf die Wissenschaft an, sondern auf jeden einzelnen Menschen. Die Natur schützen und behutsamer mit der Umwelt umgehen kann wirklich jeder – und zwar jeden Tag.

INFORMIER DICH ÜBER MILCHPRODUKTE

✱ Es gibt im Supermarkt nicht nur eine Sorte Butter, sondern gleich mehrere. Die Unterschiede mögen dir klein vorkommen, für die Umwelt aber können sie sehr bedeutsam sein. Schau dir die Packungen der Milchprodukte an, bevor du sie in den Einkaufswagen legst.

Für Kühe ist es besser, wenn sie auf eine Weide dürfen und dort Gras fressen, anstatt immer nur im Stall zu stehen und Futtermittel zu fressen, das extra angebaut werden muss. Auf solchen Produkten steht „Weidemilch". Es gibt auch verschiedene Zeichen, die diese Produkte kennzeichnen. Viele Tierschützer sind allerdings der Meinung, dass es besser wäre, komplett auf Milchprodukte wie Käse, Joghurt und Butter zu verzichten.

ISS WENIGER FLEISCH

✳ Möchtest du dem Klima etwas Gutes tun? Isst du gern Fleisch? Dann kommt hier ein Vorschlag, der dir vielleicht nicht sofort gefällt. Er ist aber sinnvoll – und sehr einfach umzusetzen. Iss weniger Fleisch! Denn die Produktion von Fleisch kostet im Vergleich zu anderen Nahrungsmitteln viel Energie und ist deshalb für die Umwelt eine Belastung: Die Tiere, die dafür aufgezogen werden, fressen viel Getreide und trinken viel Wasser, womit Menschen auch direkt ernährt werden könnten. Außerdem pupsen sie und schädigen so die Atmosphäre, die unseren Planeten schützt. Das klingt lustig, ist aber wirklich wahr.

Du musst ja nicht gleich auf alles verzichten. Versuche am Anfang zumindest, weniger Fleisch zu essen, also nur ein Würstchen statt zwei oder nur einmal pro Monat ein Schnitzel anstatt jede Woche. Sprich mit den Erwachsenen, die für dich kochen, und überlegt gemeinsam, wodurch sich das Fleisch ersetzen lassen könnte. Und ob ihr nicht alle zusammen einmal pro Woche einen Vegetarier-Tag machen wollt. Wenn du sowieso schon Vegetarier oder Vegetarierin bist: Glückwunsch!

TRINK LEITUNGS- WASSER

✱ Vielleicht ist es nicht dein Lieblings-getränk. Aber es ist wirklich bestens geeignet, um die Welt zu verbessern – und deine Gesundheit: Wasser. In Deutschland ist es sehr sauber und kann direkt aus dem Wasser-hahn getrunken werden. Ziemlich praktisch, wenn man bedenkt, dass die meisten anderen Getränke erst herbeigeschleppt werden müssen. Außerdem kommt es ohne Verpackung ins Haus, muss also nicht in Plastik oder Glas abgefüllt werden, wodurch riesige Mengen an Müll eingespart werden können. Und es kostet pro Liter nur wenige Cents. Du musst ja nicht gleich komplett auf andere Getränke verzichten. Aber je mehr, desto besser.

KÖSTLICH

VERZICHTE AUF KLEIDUNG MIT PELZ

✱ Ein kuscheliges Fell in der Jacke hält schön warm. Aber kein Tier würde freiwillig seinen Pelz hergeben. Schon die Aufzucht ist für die meisten Tiere, deren Pelze zu Kleidungsstücken verarbeitet werden, eine ziemliche Qual. Damit Fell und Haut, also Leder, verwendet werden können, müssen die Tiere getötet werden. Wenn du damit nichts zu tun haben willst und Fell nur dann streicheln möchtest, wenn dazu ein lebendiges Tier gehört, achte darauf, dass die Kleidungsstücke, die du trägst, nicht aus echtem Pelz und Leder hergestellt sind.

VERWENDE RECYCLINGPAPIER!

✳ Schreiben, Rechnen, Malen, Basteln – in den meisten Fällen geht es nicht ohne Papier. Dasselbe gilt für Merkzettel, Vokabelkärtchen, Klassenarbeiten, Zeugnisse. Eine papierlose Schule wird es in nächster Zeit wohl ebenso wenig geben wie die papierlose Toilette.

Jedes Jahr werden in Deutschland mehrere Millionen Tonnen Papier verbraucht, und da Papier aus Holz gemacht wird, müssen dafür viele Bäume gefällt werden. Allerdings kann man auch Papier aus Papier herstellen: indem man gebrauchtes Papier sammelt und recycelt, also wieder aufbereitet.

Wenn du es gut findest, dass weniger Bäume für neues Papier gefällt werden müssen, dann kannst du Schulhefte und Blöcke aus Recyclingpapier verwenden. Du erkennst es an dem aufgedruckten Blauen Engel. Das Logo kennzeichnet Produkte, die vollständig aus benutztem Papier hergestellt wurden, ohne dass giftige Chemikalien verwendet wurden, um es besonders weiß zu machen. Und was für Schulhefte gilt, gilt natürlich auch für Klopapier: Auch hier kannst du zu Hause vorschlagen, auf die umweltfreundliche Variante aus Altpapier umzusteigen.

SPAR ENERGIE

✳ Strom kommt bekanntlich nicht einfach nur so aus der Steckdose. Er muss erzeugt werden. Für die Umwelt ist es gut, wenn möglichst wenig Strom verbraucht wird, denn die Erzeugung belastet unseren Planeten.

Gewöhn dir deshalb ein paar ganz einfache Strom-spar-Tricks an: Wenn du aus dem Zimmer gehst, mach das Licht aus. Lass keine Geräte auf Stand-by angeschaltet – praktisch sind hierfür Steckdosen, die du komplett abschalten kannst. Versuch außerdem, ob du es aushalten kannst, dein Zimmer etwas weniger zu heizen. Zieh einen Pullover an, falls dir kalt ist. Entscheide dich öfters einmal für die Dusche anstatt für die Badewanne, denn dabei wird normaler-weise weniger Wasser verbraucht, das warm gemacht werden muss – auch das kostet Energie, es sei denn, du hast eine heiße Quelle im Garten (vermutlich nicht).

WIRF NICHT ALLES WEG, WAS KAPUTT IST

Es lässt sich nicht vermeiden, dass Dinge kaputtgehen. Es muss aber nicht für jedes kaputte Teil immer gleich etwas Neues gekauft werden. Die Kordel an deinem Turnbeutel ist gerissen? Tausch sie aus! Dein Pullover hat ein Loch? Das kann man flicken! Etwas zu reparieren ist nicht immer einfach und manchmal sehen reparierte Dinge nicht mehr ganz so gut aus wie heile Gegenstände. Dafür kann es aber sehr stolz machen, wenn etwas wieder funktioniert, das zwischenzeitlich nicht mehr gut benutzt werden konnte.

Vielleicht kennst du in deiner Familie oder in deinem Freundeskreis jemanden, der dir zeigen kann, wie man etwas heil macht. Du kannst aber auch im Internet nachsehen: Dort gibt es Videos, die alle möglichen Reparaturen Schritt für Schritt erklären. In einigen Gegenden gibt es für kompliziertere Reparaturen außerdem sogenannte Repair Cafés, in denen Menschen mit Werkzeug oder Sachverstand beim Reparieren helfen.

Eine Adresse dazu findest du hinten im Buch.

ERFREU DICH AN DEINER NÄHEREN UMGEBUNG

✳ ✳ Die Welt ist voller spektakulär schöner Orte – und viele sind gar nicht weit weg. Vermutlich planst du in deiner Familie die Urlaube nicht allein, aber vielleicht kannst du ein Wörtchen mitreden und vorschlagen, den nächsten Sommerurlaub an der Nordsee oder im Bayrischen Wald zu verbringen. Oder wie wäre es mit einer Paddeltour auf einem Fluss in der Nähe? Das klingt zwar nicht so aufregend wie Hawaii oder Mallorca und Palmen gibt es dort auch eher nicht. Schön ist es trotzdem. Und es wäre eine sehr freundliche Geste der Erde gegenüber. Flugreisen sind nämlich eine große Belastung für die Umwelt, weil dabei sehr viel Treibstoff verbraucht wird. Besser ist es, in Gegenden zu fahren, die auch mit dem Zug erreichbar sind.

ACHTE DARAUF, WAS DU EINKAUFST

Einkaufen ist mit vielen Entscheidungen verbunden. Du hast nicht nur die Wahl zwischen verschiedenen Läden, sondern innerhalb der Läden oft noch zwischen sehr ähnlichen Produkten. Viele Menschen entscheiden nach dem Preis und wählen ein günstiges Produkt, andere nehmen das, was am besten aussieht. Du kannst dich bei deinem Einkauf aber auch für Dinge entscheiden, die die Welt ein bisschen besser machen.

INFORMIER DICH, WIE LEBENSMITTEL HERGESTELLT WERDEN

✳ Vieles, was wir essen, kommt aus anderen Ländern zu uns – Schokolade, Kakao, Tee oder Nüsse zum Beispiel. In einigen dieser Länder sind die Arbeitsbedingungen ziemlich hart, die Menschen müssen sehr schwer schuften und bekommen nur wenig Geld. Deswegen setzen sich verschiedene Organisationen für eine bessere Behandlung der Arbeiterinnen und Arbeiter ein, also für gerechte Löhne oder für menschliche Arbeitszeiten.

Produkte, die zu fairen Bedingungen hergestellt wurden, erkennst du an dem Fair-Trade-Siegel. Sie sind meist etwas teurer, aber sie tragen dazu bei, das Leben von Menschen zu verbessern. Und deshalb sind sie zu empfehlen. Wenn du beim Einkaufen die Wahl hast und es dir zumindest ab und zu leisten kannst, dann greif zu Fair-Trade-Kakao oder zu Fair-Trade-Bananen.

FAIR GEHT VOR!

VERZICHTE AUF DIE GANZ ÜBLEN KUNSTSTOFFE

✱ Wenn du etwas aus Plastik kaufen musst und es keine umweltfreundliche Alternative gibt, dann achte zumindest darauf, kein Plastik aus giftigen Kunststoffen zu kaufen. Meistens sind die Gegenstände mit Abkürzungen gekennzeichnet. Besonders schädlich sind unter anderem Polyvinylchlorid (PVC), Polycarbonat (PC) oder Bisphenol A (BPA). Davon also am besten die Finger lassen. Einige dieser Kunststoffe riechen ziemlich übel und trotzdem wird daraus sogar Spielzeug für Kinder gemacht. Du kannst etwas dagegen unternehmen, indem du einfach darauf verzichtest.

ACHTE AUF DIE PRODUKTIONSBEDINGUNGEN DEINER LIEBLINGSMARKEN

✳ Nicht nur Lebensmittel, auch Kleidung wird häufig in Ländern hergestellt, wo die Arbeitslöhne niedrig sind. Dort sind viele Menschen so arm, dass sie kaum eine andere Wahl haben, als zu sehr geringen Löhnen sehr hart zu arbeiten. Selbst Kinder müssen arbeiten und nähen, färben oder besticken Kleidung, die bei uns in den Läden hängt und nicht viel kostet.

Du kannst dich erkundigen, zu welchen Bedingungen deine Lieblingsmarken hergestellt werden. Schick der Firma, von der du etwas gekauft hast, deinen Kassenbon und frag, was das Unternehmen für die Sicherheit und Gesundheit der Mitarbeiterinnen und Mitarbeiter in der Produktion tut. Ob zum Beispiel Zwangsarbeit verboten ist und ob es ein Mindestalter für die Angestellten gibt. Wenn du in sozialen Netzwerken angemeldet bist, kannst du auch einen Tweet schicken oder auf der Facebook-Seite der Marke deine Frage veröffentlichen.

AUGEN AUF beim KLEIDERKAUF

Vor jedem Kauf eines Kleidungsstückes kannst du außerdem neu überlegen, ob du es wirklich haben musst – oder ob du lieber zu einem Kleidungsstück greifst, das unter besseren Produktionsbedingungen hergestellt wurde.

➡️ Neu kaufen muss nicht immer sein, lies auf Seite 33 etwas über Tauschpartys.

VERMEIDE MÜLL

In unseren Meeren treibt sehr viel Müll und jeden Tag kommt mehr hinzu. Darunter sind sehr viele Verpackungen aus Plastik.

Für die Tiere, die im Meer leben, ist das eine große Belastung. Für den Menschen aber auch: Denn Plastik zersetzt sich im Laufe der Zeit zu winzig kleinen Körnchen und landet nicht nur in den Körpern der Meeresbewohner, sondern auch in den Menschen, wenn wir Fische, Muscheln und andere Meerestiere essen. Und das ist nicht gut. Aber du kannst mithelfen, dass Müll, und vor allem Plastikmüll, gar nicht erst entsteht.

KAUF CLEVER UND ACHTE AUF WENIG VERPACKUNG

Müllvermeidung beginnt schon im Supermarkt. Kauf Lebensmittel ohne zusätzliche Kunststoffverpackung! Sind Süßigkeiten wie Kekse mehrfach eingepackt, dann lass sie lieber im Laden, auch wenn es vielleicht schwerfällt, weil diese Kekse besonders lecker sind. Aber es geht immerhin um die Rettung der Welt. Also Augen auf und durch.

Wenn du im Laden etwas siehst, das besonders aufwendig eingepackt ist, kannst du auch einen Brief an den Hersteller schreiben und ihn darauf hinweisen, dass das aus deiner Sicht unnötig ist.

Schau dazu auf Seite 112 nach.

SELBST VERPACKT

BENUTZ WIEDERVERWENDBARE EINKAUFSTASCHEN

Wenn du einkaufen gehst, nimm einen Stoffbeutel mit! Plastiktüten sind eine Sache, die sich sehr leicht vermeiden lässt. Aber auch Papiertüten werden damit überflüssig: Beim Bäcker kannst du dir die Brötchen direkt in deinen Stoffbeutel geben lassen – vorausgesetzt, er ist sauber (sonst wasch ihn lieber vorher). Und selbst an der Obst- und Gemüsetheke kannst du der Natur einen Gefallen tun: Pack die losen Früchte in einen mitgebrachten Beutel aus Stoff, anstatt in eine dieser dünnen Plastiktüten von der Rolle.

VERZICHTE AUF WEGWERF-VERPACKUNGEN

✱ ✱ In einigen Städten gibt es bereits Geschäfte, in denen man Lebensmittel lose kaufen kann, das heißt, sie wurden nicht zuvor in Plastik abgepackt. Man benutzt wiederverwendbare Behälter, in die man genau so viel abfüllen kann, wie man braucht.

Frag deine Eltern, ob es in deiner Stadt so ein Geschäft gibt und ob ihr es einmal ausprobieren wollt. Manche Familien sind schon unheimlich gut darin, nur noch sehr wenig Müll zu produzieren. Vielleicht werdet ihr auch so eine Familie. Und es wenigstens zu versuchen, ist besser als gar nichts, denn jedes bisschen weniger Plastikmüll ist gut. Die Umwelt freut sich.

Behälter wiegen

befüllen

bezahlen

NÄH EINKAUFSBEUTEL AUS UNTERHEMDEN ODER T-SHIRTS

✱ ✱ Manche Dinge, die du brauchst, hast du eigentlich schon fast: Du kannst sie aus vorhandenem Material herstellen. Aus alten Unterhemden oder T-Shirts lassen sich zum Beispiel Einkaufsbeutel machen. Du musst dafür die Kleidungsstücke nur auf links drehen, also die Innenseite nach außen, und unten am Saum zusammennähen. Wenn du ein T-Shirt benutzt hast, dann musst du noch die Ärmel abschneiden. Bei einem Trägerunterhemd bist du bereits fertig, sobald die Naht am Saum geschlossen ist.

Du kannst deinen neuen Beutel mit Stoffmalfarbe bemalen oder bedrucken oder sogar aus Stoffresten noch etwas aufnähen. Und sicher gibt es jemanden, der sich über so einen selbst gemachten Beutel als Geschenk freut. Wetten?

ACHTE AUF DEINE SACHEN

✳✳ Wie die meisten Jugendlichen besitzt auch du vermutlich ein Smartphone. Selbst einige Kinder nehmen schon ein eigenes Handy mit in die Grundschule. Das hat Folgen für Menschen, Tiere und Pflanzen: In jedem dieser Geräte stecken eine Menge Rohstoffe, einige davon sind giftig, einige aber auch sehr wertvoll. Oft wird Natur zerstört, um an diese Rohstoffe zu kommen. Und dabei sind Mobiltelefone gar nicht lange im Gebrauch: Sie sind ziemlich schnell kaputt oder nicht mehr auf dem neuesten technischen Stand. Und wenn sie ausgedient haben, landen alte Geräte häufig in ärmeren Ländern in Afrika oder Asien. Dort werden sie von Menschen auseinandergebaut, für die das sehr ungesund ist.

Wenn du ein Handy haben möchtest, dann überleg, ob es wirklich ein nagelneues sein muss oder ob es nicht auch ein gebrauchtes Gerät tut. Und wenn du bereits eins hast, achte darauf, dass es möglichst lange hält: Verwende eine Schutzhülle und kleb eine Folie auf das Display. Ist das Handy doch einmal kaputt, dann prüf, ob es sich reparieren lässt. Und wenn du dich eines Tages von deinem Smartphone trennst, dann wirf es nicht auf den Müll! Gib es an deinen Mobilfunkanbieter zurück oder auch an die Deutsche Umwelthilfe, die sich um die Weiterverwendung oder ums Recycling kümmern.

 Eine Adresse dazu findest du hinten im Buch.

BAU EINE WURMKISTE

★ ★ ★ Kompostwürmer sind ziemlich coole Haustiere: Sie sind ruhig, friedlich und selbstständig. Und sie sind echte Komplizen bei der Müllverwertung, weil sie unheimlich gut im Kompostieren sind. Aus Biomüll machen sie Humus, der voller Nährstoffe steckt und deshalb ein perfekter Dünger für deine Pflanzen ist. Pflanzliche Küchenabfälle sind nämlich viel zu schade für den Restmüll.

Du kannst Würmer auf dem Balkon halten und sie dort ihre Arbeit machen lassen. Dafür brauchst du eine einfache Wurmkiste, die du zusammen mit einem Erwachsenen bauen kannst. Anleitungen dafür findest du im Internet. In die Kiste schichtest du Walderde, Obstschalen und etwas Kaffeesatz. Und dann kannst du dir in der Tierhandlung oder im Angelladen Kompostwürmer oder Rotwürmer besorgen. Und schon hast du mehr Tiere, als du dir Namen dafür ausdenken kannst, und reduzierst den Hausmüll in deiner Familie. Und deine Pflanzen freuen sich auch.

KLÄR ÜBER LUFTBALLONS AUF

✳ Heliumgefüllte Luftballons, die in den Himmel aufsteigen, sehen toll aus. Aber hast du einmal überlegt, wo die Ballons hinfliegen? Irgendwo landen sie ja wieder und liegen dann als Müll in der Natur herum oder treiben im Meer. Das ist richtig gefährlich: Tiere, die die Ballonreste mit Nahrung verwechseln, können sterben. Wenn also beim nächsten Schulfest oder bei einem besonderen Anlass in der Familie jemand vorschlägt, Ballons steigen zu lassen, dann nutz diese Bessermacher-Gelegenheit und rate davon ab.

MACH EINEN MÜLL-SAMMEL-TAG

✱ ✱ Der beste Müll ist der, der gar nicht erst entsteht. Und der zweitbeste der, der gesammelt und recycelt wird. Und wenn beides nicht möglich ist, dann sollte Müll wenigstens auf einer Deponie landen – und nicht einfach irgendwo. Fast überall, wo Menschen sind, lassen sie aber Müll liegen und kümmern sich nicht weiter darum.

Gerade in der Natur, in Parks und auf Spielplätzen sieht das nicht schön aus und ist außerdem für Tiere und Pflanzen ziemlich belastend. Und auch für Kinder können Dinge wie weggeworfene Zigarettenkippen oder Glasflaschen gefährlich sein. Hier kannst du einspringen und das einsammeln, was andere hinterlassen haben. Normalerweise ist es so, dass Leute dort noch mehr Müll hinwerfen, wo bereits welcher liegt. Es funktioniert aber auch umgekehrt: Fängt einer mit dem Sammeln an, dann machen es vermutlich andere nach.

HALTE DEN STRAND SAUBER

✳ Wenn du das nächste Mal an einem Strand bist, dann schau dich um, wie es dort mit Müll aussieht. Plastikabfälle können lebensgefährlich für Tiere sein, die im Meer und am Wasser leben. Statt Muscheln und Steine könntest du also an jedem Strandtag auch ein bisschen Müll sammeln.

Am besten nimmst du eine Papiertüte von zu Hause mit, in die du den Strandmüll sammeln kannst. Und am allerbesten wäre es, wenn du ihn anschließend zum Wertstoffhof bringst und dort sortierst. Notfalls kannst du die Abfälle natürlich auch in den Hausmüll werfen, Hauptsache, sie liegen nicht mehr am Strand.

BEFREI GEMEINSAM MIT ANDEREN DIE NATUR VON MÜLL

 Am meisten schaffst du, wenn du nicht allein sammelst. Außerdem macht es zusammen mehr Spaß. Schlag deshalb in deiner Schulklasse vor, eine Müllsammel-Aktion zu starten: Sprecht eure Lehrerinnen und Lehrer an, ob sie euch unterstützen, und findet einen Tag, an dem es gut passt.

Einigt euch dann auf eine einigermaßen überschaubare Fläche, die ihr vom Müll befreien wollt: euren Schulhof zum Beispiel, das Gelände rund um den Sportplatz oder eine Grünanlage in der Nähe eurer Schule. Vielleicht gibt es auch ein Flussufer oder sogar ein nahe gelegenes Natur-schutzgebiet, das ihr reinigen könnt.

Für die Sammelaktion braucht ihr ausreichend viele Arbeitshandschuhe und Müllsäcke. Möglicherweise findet ihr jemanden, der

DAS BRAUCHST DU:

- Stabile Müllsäcke
- Arbeitshand-schuhe
- Schubkarre
- Schaufel

GROSSES SAMMELSURIUM

euch diese Dinge spendiert – Eltern oder Unternehmen aus eurer Stadt, die sich ebenfalls freuen, wenn es etwas sauberer wird. Seid beim Sammeln vorsichtig mit scharfen und spitzen Gegenständen und nehmt dafür am besten eine Zange oder eine Schaufel! Tragt alle vollen Müllsäcke an einem Ort zusammen, wo sie abgeholt werden können. Daraus lässt sich übrigens auch ein Wettbewerb machen: Welche Klasse sammelt die meisten Einzelteile?

BESTIMMT EINEN RECYCLING-VERANTWORTLICHEN IN EURER FAMILIE

✳ ✳ Alle, die ihren Müll sorgfältig trennen, helfen mit, die Berge auf den Müllhalden ein bisschen kleiner zu halten. Eigentlich ist das ganz einfach: Für die verschiedenen Müllarten braucht man verschiedene Behälter. Und dann muss alles schön sortiert werden, damit die einzelnen Stoffe wiederverwertet werden können – Glas zu Glas, Papier zu Papier, Verpackungsmüll mit dem Grünen Punkt zu Verpackungsmüll. Und schon wird sehr viel weniger Restmüll übrig bleiben, der zur Deponie transportiert werden muss.

Der Recycling-Beauftragte sortiert aus dem Altglas die Gläser ohne Pfand aus. Wenn ihr für diese Gläser keine andere Verwendung habt, kommen sie in den Container. Das Pfandglas kommt zurück in den Laden. Für Altpapier gibt es ebenfalls Container, häufig auch für Verpackungsmüll. All diese Stoffe werden aber auch auf Recyclinghöfen angenommen und teilweise sogar zu Hause abgeholt. Frag einmal nach, wie das in deiner Stadt geregelt ist.

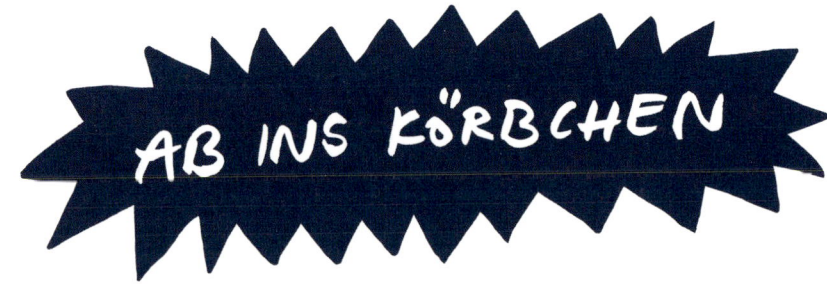

AB INS KÖRBCHEN

Der Recycling-Beauftragte muss das alles auch gar nicht allein machen. Wichtig ist nur, dass einer in der Familie den Überblick behält und die anderen Familienmitglieder daran erinnert, den Müll richtig zu sortieren. Das macht nicht immer Spaß, es ist aber wichtig, bis alle von allein daran denken.

SEI EIN TIERFREUND

Viele Menschen sind gern in der Natur. Denn Natur tut gut, sie macht uns gesünder, ausgeglichener und selbstbewusster – das haben Wissenschaftlerinnen und Wissenschaftler herausgefunden. Außerdem reinigen Pflanzen die Luft und geben uns Nahrung, Baumaterial und sogar Medizin. Insekten bestäuben die Pflanzen, sodass sie Früchte tragen können – und so weiter.

Alle Tier- und Pflanzenarten haben eine Aufgabe, die sie umso besser erfüllen können, je mehr Arten es gibt. Die Natur zu schützen, ist deshalb wichtig für die ganze Welt.

BAU EINE TRÄNKE FÜR VÖGEL UND INSEKTEN

✱ Nicht nur Menschen müssen trinken, auch Tiere. Besonders, wenn es draußen warm ist und es länger nicht geregnet hat, verschwinden natürliche Wasserstellen, an denen Bienen, Hummeln oder Vögel sich versorgen können. Da kannst du behilflich sein: Spendier den Tieren ein paar Schlückchen an einer selbst gebauten Bar.

Du brauchst dafür nur ganz wenig: Füll frisches Wasser in einen Suppenteller oder einen Untersetzer für Blumentöpfe und stell ihn an eine geschützte, aber gut einsehbare Stelle auf dem Balkon oder im Garten. Für Vögel sollte die Bar von einem Baum oder Gebüsch aus zu sehen sein. Wechsel das Wasser am besten jeden Tag aus, damit sich keine Bakterien darin vermehren können. Bienen und andere Insekten brauchen in der Schale Landeplätze aus Steinen oder Moos, damit sie wirklich nur trinken und nicht ertrinken.

LAD VÖGEL ZUM ESSEN EIN

✱ Im Schnee finden Vögel nicht so einfach Futter. Mit einer Einladung zum Essen kannst du deshalb im Winter ein gutes Werk für Vögel tun. Habt ihr Erdnussbutter im Haus? Dann hast du schon fast alles. Denn Gartenvögel lieben Erdnussbutter. Du musst nur darauf achten, dass sie nicht gesalzen ist. Außerdem brauchst du Vogelstreufutter, das du in der Drogerie kaufen kannst, und eine leere Klopapierrolle. Bestreich die Klopapierrolle mit Erdnussbutter und wälz sie anschließend in Vogelfutter. Danach ziehst du eine Schnur durch die Rolle und hängst sie auf dem Balkon oder im Garten auf.

WERD LEBENSRETTER FÜR KRABBELTIERE

Insekten sind vielleicht nicht die beliebtesten Tiere und viele Menschen mögen sie sogar überhaupt nicht. Dabei sind die meisten von ihnen überaus nützlich, wir könnten gar nicht ohne sie leben. Sie bestäuben die Pflanzen, deren Früchte wir essen, und sie sind wichtiges Futter für viele Tiere. Also achte darauf, sehr behutsam mit diesen kleinen Tierchen umzugehen. Töte sie nicht, sondern hilf ihnen beim Überleben: Bring sie vorsichtig nach draußen, wenn du sie in deiner Wohnung findest, und begleite sie ins Grüne, wenn sie auf dem Asphalt krabbeln. Und beobachte sie ruhig einmal! Sie sind zwar kleine, aber überaus erstaunliche Lebewesen.

PFLANZ INSEKTENFREUNDLICHE PFLANZEN AN

✱ Du kannst auch Insekten zum Essen einladen: Schmetterlinge, Hummeln und Bienen lieben blühende Küchenkräuter wie Thymian, Lavendel, Bohnenkraut oder Wildblumen-Wiesen. Die Samen für Kräuter und Blumen-mischungen gibt es oft in kleinen Tütchen in Supermärkten und Baumärkten zu kaufen. Dort findest du im Herbst auch Zwiebeln und Knollen von Frühblühern, die du im Oktober und November in die Erde stecken kannst, wenn du einen Garten hast (es geht aber auch in Blumentöpfen auf dem Balkon und eigentlich überall, wo ein grünes Fleckchen ist und eine Blume wachsen könnte).

Vielleicht hast du deine Pflanzaktion bis zum Frühjahr schon wieder vergessen, dann ist es eine besonders hübsche Überraschung, wenn plötzlich Krokusse, Schneeglöckchen, Narzissen, Tulpen und blaue Traubenhyazinthen ihre Köpfchen aus der Erde strecken. Und die Insekten freuen sich auch.

LEG FÜR HORNISSEN EIN GUTES WORT EIN

✱ Hornissen haben einen großen Appetit auf Fliegen, fressen aber auch Wespen. Wegen ihrer Größe sehen sie für manche furchterregend aus. Dabei sind sie scheu, flüchten schnell und greifen niemanden grundlos an, wenn man sich an einfache Regeln hält. Du musst darauf achten, dass du dich nicht heftig bewegst, also nicht etwa mit den Händen wedelst, wenn eine Hornisse im Anflug ist. Und natürlich solltest du ihre Flugbahn nicht blockieren und zu einem Nest immer mindestens zwei Meter Abstand halten.

Wenn du in der kalten Jahreszeit eine einzelne Hornisse auf dem Dachboden findest, handelt es sich dabei wahrscheinlich um eine junge Königin, die einen Ort zum Überwintern sucht. Lass sie möglichst in Ruhe, denn diese Königin wird im nächsten Frühjahr ein neues Volk gründen.

Diese Regeln kannst du auch anderen erklären, damit niemand diese nützlichen Tiere tötet. Das ist übrigens gar nicht erlaubt, denn einheimische Hornissen stehen unter Naturschutz. Auch ihre Nester dürfen nicht zerstört werden.

Wespen gehen Hornissen übrigens aus dem Weg. Wenn du im Sommer also in Ruhe Kuchen im Freien essen möchtest, ohne dass Wespen mitessen, dann setz dich in die Nähe eines Hornissennestes. Die machen sich nichts aus Kuchen. Aber Abstand halten nicht vergessen!

MACH AUS DER STADT EINEN GARTEN

 Mehr Grün ist nicht nur schön für Insekten, sondern auch für deine Mitmenschen. Denn die kleinen Stückchen Erde, die sich in einer Stadt bepflanzen lassen, werden meistens nur als Hundeklo benutzt. Überleg, wo du etwas säen oder pflanzen könntest. Gut geeignet sind die Flächen rund um einen Baum. Ruf am besten das Grünflächenamt in deiner Stadt an und erzähl was du vorhast. Vermutlich freut man sich dort über deine Pläne.

Weil der Boden öffentlich ist, musst du dich an Regeln halten. Dein Beet darf zum Beispiel nicht die Sicht zur Straße behindern. Also such dir niedrige Pflanzen aus und keine riesigen Sonnenblumen. Außerdem dürfen die neuen Pflanzen dem Baum, neben dem du gärtnerst, nicht zu viel Wasser wegnehmen. Schau dir den Standort an: Ist es dort eher sonnig oder schattig? Wähl passende, möglichst robuste Sorten und säe sie aus oder pflanz sie ein. Und komm an heißen Tagen zum Gießen vorbei, darüber freut sich auch der Baum.

DAS BRAUCHST DU:

– Samen von Kräutern oder Blumen

– evtl. Blumen- zwiebeln

– Blumentöpfe

– Erde

RETTE EINEN IGEL

✱ ✱ Igel sind keine Haustiere und dürfen nicht gefangen werden. Es kann aber sein, dass du einen Igel findest, der deine Hilfe braucht: Ist ein Igel verletzt oder triffst du ihn nach Wintereinbruch irgendwo draußen an, wenn er eigentlich seinen Winterschlaf halten sollte, dann kannst du ihn vorsichtig mit Handschuhen aufnehmen und in einer ausreichend großen Schachtel zu einer Tierarztpraxis oder einer Igelstation bringen. Dort wird dir erklärt, ob und wie du zur Rettung des kleinen Stachelwesens beitragen kannst. Unter Umständen braucht das Tier tatsächlich einen Ort zum Gesundwerden oder zum Überwintern. Und dann kannst du sein Gastgeber sein.

➡ Eine Adresse dazu findest du hinten im Buch.

WERD HAUSTIER-SITTER

★ ★ ★ Ein Haustier zu haben ist meistens schön, manchmal nervig und ab und zu richtig knifflig. Zum Beispiel, wenn eine Urlaubsreise ansteht und es nicht mitreisen kann – die meisten Tiere verreisen ja nun mal nicht gerne. Da muss also jemand her, der sich kümmert, während die Haustierbesitzer verreist sind.

Das könnte etwas für dich sein. Häng einen Zettel beim Tierarzt oder in der Schule aus und biete deine Dienste als Urlaubsbetreuer für Hamster, Meerschweinchen oder Schildkröte an.

Vorher musst du natürlich deine Eltern fragen, ob sie einverstanden sind, dass für einige Tage ein fremdes Tier bei euch einzieht. Du kannst ein Tier einfach aus Nettigkeit aufnehmen und dir nur das Futter bezahlen lassen, welches es in der Zeit bei dir verbraucht. Aber vielleicht bieten dir die Tierbesitzer auch etwas Geld an. Das kannst du behalten – oder dem Tierschutzbund spenden, dann haben noch mehr Tiere etwas von deiner Gastfreundschaft.

Politik wird nicht nur von
Politikern gemacht.
Alle Menschen dürfen sich
beteiligen.

Auch Kinder und Jugendliche
dürfen mitdiskutieren
und Vorschläge machen, wie
bestimmte Dinge besser
laufen können.

MITREDEN UND MITMACHEN

**Wie du bei großen
Organisationen
und sogar in der Politik
mitmachen kannst**

KÜMMER DICH UM DAS, WAS UM DICH HERUM PASSIERT

Demokratie bedeutet, dass das Volk bestimmt. Und da gehörst du dazu. Deshalb kannst du auch dann schon politisch arbeiten, wenn du noch zu jung bist, um offiziell zu Wahlen zu gehen. Sich informieren, die eigene Meinung sagen, Briefe schreiben – das kann jeder, und es ist wichtig, dass es gemacht wird, damit sich die Welt verbessert.

WERD MITGLIED IN EINER JUGEND-ORGANISATION

MACH MIT!

✱✱ Du musst nicht erwachsen sein, damit du dich einer Organisation anschließen kannst, die du gut und sinnvoll findest. Viele Organisationen, in denen Erwachsene sich engagieren, haben auch Angebote für Jugendliche. Das gilt für die großen politischen Parteien, für Umwelt- und Naturschutzverbände, aber auch für Hilfsorganisationen wie die Johanniter Unfallhilfe oder die Feuerwehr. Du triffst dort andere Jugendliche, die zumindest ein Interesse mit dir teilen: sich für eine gute Sache einzusetzen. Und das kann sehr viel Spaß machen.

➡ Adressen von einigen großen Jugendorganisationen findest du hinten im Buch.

SCHREIB EINEN BRIEF

 Für die meisten Ärgernisse im Alltag ist irgendwer verantwortlich. Wenn zum Beispiel ein öffentlicher Spielplatz nicht gut gepflegt ist, wenn dort Geräte kaputtgehen und der Sandkasten total verdreckt ist, dann muss das normalerweise von den Bertreibern des Spielplatzes in Ordnung gebracht werden. Damit sich etwas bessern kann, müssen die Verantwortlichen aber Bescheid wissen. Darum kannst du dich kümmern!

Finde heraus, wer für den Bereich, in dem etwas schiefläuft, zuständig ist. In der Schule kann das die Schulleitung sein oder auch der Hausmeister oder die Hausmeisterin. Für Orte in der Öffentlichkeit wie Parks oder Spielplätze sind meistens die Stadtverwaltungen verantwortlich. Wenn dir beim Bahnfahren etwas auffällt, das nicht okay ist, dann ist die Bahn deine Ansprechpartnerin – und so weiter.

Schreib an die verantwortlichen Leute einen freundlichen Brief. Erklär kurz und knapp, was aus deiner Sicht nicht funktioniert und was für eine Art von Verbesserung du dir wünschst. Vergiss nicht, mit deinem Namen zu unterschreiben und deine Adresse anzugeben, damit du eine Antwort bekommen kannst. Und natürlich kann man auch Politikern schreiben, das gehört zu einer Demokratie dazu.

WENDE DICH AN DIE KINDERKOMMISSION

✳ ✳ Im Deutschen Bundestag gibt es eine kleine Gruppe von Politikern, die sich besonders für die Rechte und Interessen von Kindern und Jugendlichen einsetzt: die Kinderkommission. Diese Politiker interessieren sich sehr dafür, was Kinder beschäftigt und was man ändern müsste, damit Kinder sich in unserem Land wohlfühlen und sicher aufwachsen.

Du kannst der Kinderkommission schreiben, entweder einen Brief oder eine Mail. Du kannst dich aber auch an alle anderen Politikerinnen und Politikern wenden und sagen, was dich bewegt und welche Vorschläge für eine bessere Welt du hast.

➡ Lies dazu auch den Tipp auf der linken Seite.

Ella Hansen
Luis Haase
Murat Güngöz
Paul Langer

SAMMEL UNTERSCHRIFTEN

✳✳✳ Je mehr Menschen eine Veränderung wollen, desto eher werden sich die Verantwortlichen darum kümmern. Also zeig mit möglichst vielen gesammelten Unterschriften, dass viele Menschen Interesse an deiner Forderung haben! Das ist besonders sinnvoll bei Anliegen, die deine direkte Umgebung betreffen: mehr Bänke für den Park oder mehr Mülleimer. Oder wenn dir ein Fahrradweg für die Fahrt zur Schule fehlt.

Um Unterschriften zu sammeln, musst du dich an ein paar Regeln halten: Beschreib auf einem Blatt das Problem und schlag eine Lösung dafür vor. Beende den Text mit einer Forderung. Alle, die diese Forderung gut finden, können sich dann darunter eintragen. Leg dafür eine Tabelle mit vier Spalten an: Datum, Vor- und Nachname, Adresse und Unterschrift.

Deine Forderung wiederholst du auf jedem neuen Blatt, das du benötigst. Wenn du mutig bist, dann stellst du dich mit deiner Liste an einen Ort, wo viele Leute vorbeikommen, auf den Wochenmarkt zum Beispiel oder vor einen Supermarkt. Dort kannst du Passanten ansprechen und erklären, worum es dir geht. Du kannst aber auch in Geschäften nachfragen, ob du dort deine Unterschriftenlisten auslegen kannst. Wenn du meinst, dass du genügend Unterschriften gesammelt hast, dann gib alle Blätter bei der verantwortlichen Person ab. Du darfst die gesammelten Adressen aber nicht kopieren und nicht abtippen und speichern, das verbietet das Gesetz.

An der Bücherei muss man oft lange nach einem sicheren Platz zum Abstellen des Fahrrades suchen. Der Fahrradständer, den es dort gibt, ist nur für vier Räder vorgesehen und deshalb immer schon belegt. Mit mehr Stellplätzen wäre es einfacher.

Ich fordere mehr Fahrradparkplätze an der Bücherei mit Möglichkeiten, die Räder anzuschließen, und ich bitte die Bürgermeisterin/den Bürgermeister, sich darum zu kümmern!

MACH EINE KAMPAGNE

 Wenn du ein Anliegen hast, das viel Unterstützung und Aufmerksamkeit erfordert, starte eine Kampagne. Du wünschst dir einen Basketballkorb oder eine Skatebahn auf dem Spielplatz? Dann mach Werbung für deine Idee! So findest du hoffentlich andere, die sich gemeinsam mit dir bei den Verantwortlichen für deine Ziele einsetzen.

Denk dir einen guten Slogan aus – einen Satz, den man sich leicht merken kann und bei dem jeder sofort versteht, worum es dir geht. Und dann bring diesen Slogan unter die Leute. Mal Plakate und frag, ob du sie in Geschäften aufhängen darfst. Zeichne deinen Slogan mit Stoffmalfarbe auf Baumwolltaschen oder T-Shirts. Bereite außerdem Infomaterial vor: Beschreib auf einem Zettel, warum du dich für eine bestimmte Sache einsetzt und wie man dir helfen kann. Diese Zettel verteilst du oder legst sie in Cafés und Geschäften aus. Vorher fragen nicht vergessen! Und hinterher Geduld haben. Manche Kampagnen müssen über eine längere Zeit laufen, bis sie erfolgreich sind.

SCHREIB DEIN EIGENES LEXIKON

✱ ✱ Einiges weiß man, vieles aber nicht. So geht es den meisten Leuten. Wenn du wieder einmal etwas aufschnappst, wovon du keine Ahnung hast, was aber eine Rolle für dich oder für die Gesellschaft spielt, dann informier dich. Denn wenn du informiert bist, kannst du besser mitreden und dir eine politische Meinung bilden und sie gegenüber anderen vertreten.

Du hörst beispielsweise, dass es in den Nachrichten um Mazedonien geht, hast aber keine Ahnung, was das für ein Land ist? Du liest auf dem Titel einer Tageszeitung ein bestimmtes Wort und kannst dir absolut nichts darunter vorstellen? Schau es nach! Am besten sofort. Sehr schnell geht das über eine Suchmaschine im Internet. Aber du kannst natürlich auch jemanden fragen, der oder die sich auskennt. Und du kannst alles, was du auf diese Weise selbst recherchierst, in ein Buch eintragen. So bleibt dein Wissen besser erhalten, und es könnte gut sein, dass du es schon bald einmal verwenden kannst, um deine Bessermacher-Pläne mit guten Argumenten zu unterstützen.

ENGAGIER DICH IM KINDERPARLAMENT

★★★ Es ist wichtig, dass sich Politiker mit den Vorstellungen und Bedürfnissen von Kindern und Jugendlichen befassen und bei Entscheidungen darauf Rücksicht nehmen. Frag einmal bei der Stadtverwaltung nach: Vielleicht gibt es in deiner Stadt bereits ein Kinderparlament oder einen Jugendgemeinderat. Dort treffen sich Kinder und Jugendliche, die das Leben an eurem Ort verbessern möchten und dafür Vorschläge machen. Die Mitglieder des Parlaments werden in der Regel gewählt, oft in Zusammenarbeit mit Schulen und Schülervertretungen.

Wenn es kein Kinderparlament oder keinen Jugendgemeinderat gibt, kannst du bei der Schülervertretung deiner Schule vorschlagen, so etwas zu gründen. Frag dazu bei bestehenden Kinderparlamenten in anderen Städten nach, welche Erfahrungen sie gemacht haben und worauf man achten muss.

EXTRA-TIPP: SCHAU NACH, WAS ES SCHON ALLES GIBT

Als Bessermacher oder Bessermacherin bist du nicht allein. Es gibt viele Menschen, die bereits gute Ideen hatten und etwas umsetzen, das gut funktioniert. Du kannst dich informieren, was es in deiner Nähe bereits gibt, und dort nachfragen, ob und wie du helfen kannst.

Und jetzt klapp das Buch zu und fang an!

LOS GEHT'S

ADRESSEN, DIE DIR WEITERHELFEN

asj.de

Die *Arbeiter-Samariter-Jugend* ist die Jugendorganisation des *Arbeiter-Samariter-Bundes*. Sie bietet viele Kinder- und Jugendprojekte an, außerdem Erste-Hilfe- und Schulsanitäter-Ausbildungen.

brillen-ohne-grenzen.de

Viele Optiker im ganzen Land haben sich bei *Brillen ohne Grenzen* registriert und nehmen gebrauchte Brillen an, die der Verein dann an bedürftige Menschen in der ganzen Welt weitergibt. Auf der Webseite gibt es eine Suchfunktion für die nächstgelegene Sammelstelle.

brillenweltweit.de

Brillen weltweit arbeitet ebenfalls mit Optikern zusammen, die Brillenspenden annehmen. Du kannst aber auch Brillen direkt zum Sitz der Organisation nach Koblenz schicken, dann musst du allerdings für das Porto aufkommen.

brot-fuer-die-welt.de

Brot für die Welt ist ein christliches Hilfswerk, das sich vor allem gegen den Hunger in der Welt engagiert. Auf der Unterseite der Jugendgruppe findest du unter dem Stichwort „Fairändern" Tipps für Aktionen und Projekte.

bundjugend.de

Die *Bundjugend* ist die Nachwuchs-organisation des Bundes für Umwelt- und Naturschutz. Sie bietet überall in Deutschland Aktionen an, denen du dich anschließen kannst.

children.de

Children for a better World e. V. ist eine Kinderhilfsorganisation, die das Engagement von Kindern und Jugendlichen unterstützt – mit Rat und Tat, mit Austausch und Workshops und teilweise auch mit Geld.

dkhw.de

Das *Deutsche Kinderhilfswerk* setzt sich für faire Bildungschancen und gesunde Ernährung ein und hilft Familien in Not. Außerdem engagiert sich das DKHW für Kinderrechte und bietet zahlreiche Aktionen, Infomaterial und Projekte dazu an.

duh.de

Die *Deutsche Umwelthilfe* hat auf ihrer Webseite viele gute Tipps für umweltfreundliches Verhalten, auch zum Recycling verschiedener Gegenstände wie z. B. Mobiltelefone. Du erfährst dort, wo du dein Handy hinschicken kannst, wenn du es nicht mehr brauchst.

greenpeace-jugend.de

Greenpeace ist eine Organisation, die sich überall auf der Welt für Umweltschutz einsetzt. Jugendgruppen gibt es in ganz Deutschland.

iplantatree.org

Mithilfe dieser Organisation kannst du auch dann einen Baum pflanzen, wenn du keinen Garten hast. Sie setzt sich für den Schutz und die Ausweitung der Waldflächen auf der Welt ein.

johanniter.de/die-johanniter/ johanniter-unfall-hilfe/

Dieser Verein engagiert sich im Rettungs- und Sanitätsdienst, Katastrophenschutz und in der Erste-Hilfe-Ausbildung. Sie bilden Schulsanitäter und Schulsanitäterinnen aus. Es gibt Jugendgruppen in vielen Regionen.

jugendfeuerwehr.de

Zur Feuerwehr dürfen nicht nur Erwachsene. Auch Kinder und Jugendliche können mitmachen und lernen, wie man Brände löscht und verhindert. Viele Verbände nehmen auch an Umweltschutzaktionen teil.

jugendrotkreuz.de

Das *Jugendrotkreuz* ist der Jugendverband des *Deutschen Roten Kreuzes*. Die Mitglieder ab 6 Jahren engagieren sich gemeinsam für Gesundheit, Umwelt, Frieden und internationale Verständigung.

Kinderkommission

Der Kinderkommission des Deutschen Bundestages kannst du eine Mail oder einen Brief schreiben, du erreichst sie hier:
Kinderkommission
Platz der Republik 1
11011 Berlin
kinderkommission@bundestag.de

malteserjugend.de

Die *Malteser Jugend* ist ein christlicher Jugendverband, bei dem Helfen im Mittelunkt steht. Er gehört zum *Malteser Hilfsdienst e. V.* und unterhält Jugendgruppen im ganzen Land.

naju.de

Die *Naturschutzjugend* ist die Jugendorganisation des *Naturschutzbundes* und hat über 1.000 Gruppen in ganz Deutschland, bei denen du mitmachen kannst.

nummergegenkummer.de

Kinder und Jugendliche finden hier ein offenes Ohr, wenn andere Ansprechpartner fehlen. Es gibt kostenlose und anonyme Beratung für Fragen und Probleme aller Art. Montags bis samstags ist zwischen 14 Uhr und 20 Uhr jemand zu erreichen, der sich Zeit nimmt und zuhört. Du kannst aber auch eine Mail mit deinem Anliegen schreiben, wenn dir das lieber ist. Dafür kannst du auf der Webseite ein Benutzerkonto anlegen, das geht ganz einfach und ist ebenfalls anonym.
Telefonnummer: 116111

oekolandbau.de/kinder/

Die Kinder-Seite des Infoportals Ökolandbau informiert umfassend über ökologische Landwirtschaft und was daran so gut ist.

pinkstinks.de

Pinkstinks ist eine Protest- und Bildungs-
organisation, die sich für Vielfalt einsetzt
und gegen starre Geschlechterrollen in
den Medien. Die Webseite erklärt, warum
bestimmte Werbung problematisch ist,
und zeigt gute Aktionen gegen Sexismus.

pro-igel.de

Dieser Verein erklärt auf seiner Webseite
genau, was zu tun ist, wenn du einen
Igel findest, und an wen du dich mit dem
Tier wenden kannst.

repaircafe.org/de/

In öffentlichen Reparaturtreffs findest
du Werkzeug und Leute, die sich
auskennen. Auf der Internetseite erfährst
du, wo sich in deiner Nähe ein Repair
Café befindet.

saubere-kleidung.de

Die Kampagne für saubere Kleidung hat
viele Tipps parat, was du tun kannst, um
die Rechte der Arbeiterinnen und Arbeiter
in der Textilindustrie zu stärken und
für bessere Bedingungen dort zu sorgen.

slowfoodyouth.de

Die Jugend von *Slow Food Deutschland*
empfiehlt einfache Dinge, die man im
Alltag tun kann, um ein gutes und faires
Lebensmittelsystem zu unterstützen.
Außerdem veranstalten sie Aktionen wie
Schnippelpartys und Eat-ins, an denen
du dich beteiligen kannst.

start-with-a-friend.de

Diese Initiative hilft geflohenen Menschen beim Ankommen und vermittelt
Tandems mit Einheimischen. Sie
hat Standorte in vielen Städten in
Deutschland.

jugendtierschutz.de

Die Nachwuchsorganisation des
Deutschen Tierschutzbundes gibt auf
ihrer Webseite Tipps für Referate
über Tierschutz. Außerdem hat der
Tierschutzbund eine kostenlose
Haustier-App entwickelt, die Hunde-
und Katzenbesitzer unterstützt. Sie
kann kostenlos geladen werden.

ueberdentellerrand.org

Über den Tellerrand haben sich bereits
viele Aktionen ausgedacht, wie Einheimische geflohenen Menschen dabei
helfen können, sich einzuleben und
wohlzufühlen. Es gibt Lokalgruppen
in verschiedenen Städten und
eine Toolbox, die Begegnungsprojekte
unterstützen und begleiten können.

welttierschutz.org/kuhplusdu/

Wenn du kuhfreundliche Milch trinken
willst, kannst du dich mit dem Milch-
ratgeber der Welttierschutzgesellschaft
informieren, wie das geht. Deren
Kampagne *Kuh plus du* setzt sich für die
Lebensbedingungen von Milchkühen ein.

wildtierfreund.de

Wer sich für Tierschutz interessiert, findet
hier viele Tipps und Erste-Hilfe-Hinweise,
wie man Wildtiere unterstützen und
retten kann, von Ameise bis Zaunkönig.

RÜCKENWIND FÜR DEINE IDEEN

Children for a better World unterstützt junge Bessermacherinnen und Bessermacher

Du findest in diesem Buch viele tolle Ideen. Doch manchmal ist es gar nicht so einfach, sie umzusetzen. Solltest du schon eine Idee und ein Team haben, aber noch Unterstützung bei der Umsetzung brauchen, dann wende dich an _Children for a better World_ (kurz: CHILDREN). CHILDREN fördert engagierte Kinder und Jugendliche, die mit ihren eigenen Projekten die Welt verbessern wollen – also Leute wie dich.

Über den CHILDREN Jugend hilft! Fonds kannst du bis zu 2.500 Euro für dein soziales Projekt beantragen und beim deutschlandweiten Wettbewerb um die acht vielversprechendsten sozialen Projekte von Kindern und Jugendlichen mitmachen. Die Siegerinnen und Sieger fahren zu einem Engagement-Camp mit Preisverleihung nach Berlin.

In fünf CHILDREN Kinderbeiräten in Berlin, München, Hanau, Hamburg und Dortmund entscheiden Kinder und Jugendliche eigenständig über die Förderung von Kinderhilfsprojekten. Wenn du dort mitmachen möchtest, kannst du dich bei CHILDREN melden.

Wie CHILDREN auch deiner Idee Rückenwind geben kann, erfährst du auf der Webseite der Organisation:

 www.children.de

Children for a better World e. V.

Die vielfach ausgezeichnete Kinderhilfsorganisation trägt mit ihrer Arbeit dazu bei, dass alle Kinder und Jugendlichen in Deutschland ihre Potenziale erkennen, ihre Chancen wahrnehmen und aktiv werden können. So setzt sich CHILDREN gegen Kinderarmut ein, fördert junges Engagement und erreicht mit seinen Programmen jährlich mehr als 10.000 Kinder und Jugendliche.

Oberföhringer Straße 4
81679 München
Tel. 089 45209430
info@children.de
www.children.de

Miriam Holzapfel ist Kulturwissenschaftlerin und arbeitet als Redakteurin, freie Autorin und Lektorin. Für das Literaturhaus Hamburg hat sie die Reihe „Gedankenflieger – Philosophieren mit Kindern" ins Leben gerufen. Gemeinsam mit Kindern im Grundschulalter denkt sie in philosophischen Workshops über wichtige Themen nach, zum Beispiel, wie man die Welt verbessern kann und wessen Aufgabe das eigentlich ist.

Janina Lentföhr ist Kommunikationsdesignerin und Illustratorin in Hamburg. Sie gestaltet und illustriert Bücher und Zeitschriften für Kinder und Erwachsene, unter anderem das philosophische „Gedankenflieger"-Magazin für das Hamburger Literaturhaus.